历史的真性情

(元、明、清卷)

忆江南 著

北方联合出版传媒(集团)股份有限公司
万卷出版公司

Ⓒ 忆江南 2022

图书在版编目（CIP）数据

历史的真性情. 元、明、清卷 / 忆江南著. — 沈阳：万卷出版公司，2022.1
ISBN 978-7-5470-5708-7

Ⅰ．①历… Ⅱ．①忆… Ⅲ．①中国历史－元代－通俗读物②中国历史－明清时代－通俗读物 Ⅳ．①K209

中国版本图书馆CIP数据核字（2021）第167643号

出 品 人：	王维良
出版发行：	北方联合出版传媒（集团）股份有限公司
	万卷出版公司
	（地址：沈阳市和平区十一纬路25号　邮编：110003）
印 刷 者：	辽宁新华印务有限公司
经 销 者：	全国新华书店
幅面尺寸：	145mm×210mm
字　　数：	220千字
印　　张：	9
出版时间：	2022年1月第1版
印刷时间：	2022年1月第1次印刷
责任编辑：	张洋洋
责任校对：	高　辉
装帧设计：	鼎籍文化创意　刘萍萍
ISBN 978-7-5470-5708-7	
定　　价：	39.80元
联系电话：	024-23284090
传　　真：	024-23284448

常年法律顾问：王　伟　版权所有　侵权必究　举报电话：024-23284090
如有印装质量问题，请与印刷厂联系。联系电话：024-31255233

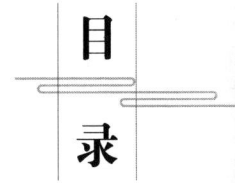

目录

代序　龙在古代并非皇帝专用 / 001

辽金元 / 001

　　辽国萧太后的爱情绝唱 / 002

　　屈出律：最贪婪的上门女婿 / 008

　　战还是不战，这也是个问题 / 011

　　三个皇帝的马球赛 / 017

　　成吉思汗的儿子们 / 023

　　元朝的两个"武则天" / 029

　　浪里白条张顺：原来他是抗元英雄 / 033

　　谢道清：大悲剧版的慈禧太后 / 036

　　这一次大雁传书难道是真的 / 040

元末明初 / 045

　　神机妙算不如拨拉算盘 / 046

　　陈友谅究竟是"蛋"还是"鸡" / 048

　　洛阳桥上说花云 / 052

　　朱元璋为什么放弃了吴朝 / 057

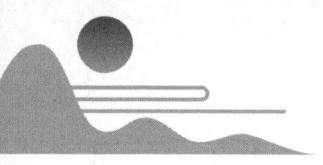

  明朝第一诗人之死 / 060

  "天下第一大案"的真相 / 065

  谁杀死了方孝孺的父亲 / 070

  《红楼梦》"宁荣二府"是这样来的？ / 074

  大航海家郑和的前半生 / 077

  明朝皇帝爱翻老子定的案 / 080

  贵州为什么叫贵州 / 084

  明朝最发达的33个城市哪个强 / 087

大明中叶 / 091

  万贵妃：那个比皇帝大十九岁的女人 / 092

  独一无二的明孝宗 / 098

  风流才子唐伯虎的苦难人生 / 102

  看古代大文豪怎样过春节 / 107

  杨慎：一阕临江仙，两把辛酸泪 / 111

  两个吴承恩 / 119

  清官海瑞的家庭生活 / 122

  不说话的隆庆帝 / 126

  《二进宫》背后那些事儿 / 131

  "药圣"李时珍为什么抱憾而逝 / 137

明末清初 / 141

　　张居正不是个好老师 / 142

　　一言难尽的三娘子 / 148

　　《木府风云》男主人公的真实人生 / 151

　　黄宗羲杀人 / 155

　　董其昌：有才无德第一人 / 159

　　孙承宗：不应忘却的著名将领 / 162

　　导致明朝灭亡的那只蝴蝶 / 166

　　李自成的第一次婚姻 / 169

　　崇祯皇帝的六副面孔 / 172

　　叶赫老女：她引发了中国的特洛伊战争 / 180

　　夏完淳：我用生命向青春致敬 / 186

　　收复台湾之后的郑成功 / 191

大清王朝 / 195

　　西藏第一情僧之死 / 196

　　林黛玉的原型原来是她？ / 203

　　清朝监狱之怪现状 / 206

　　沾了儿子大光的皇帝们 / 209

　　打不败的陈梦雷 / 212

　　《红楼梦》中的《聊斋志异》 / 218

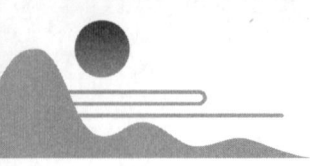

告诉你一个最真实的《红楼梦》/ 221

甄嬛的幸与不幸 / 232

北静王的原型原来是他 / 236

傅恒与乾隆的特别关系 / 244

司马迁和袁枚,你会相信谁 / 248

乾隆皇帝长寿的神秘原因 / 251

乾隆皇帝的第一痛与第一幸 / 255

和珅为什么必须死 / 259

刘王氏:人生三大不幸一起来袭时 / 264

"方便面之父"不在日本在中国 / 267

他们都是好"演员" / 269

支持洋务运动的其实是她 / 273

代序　龙在古代并非皇帝专用

众所周知，龙在古代被用作皇帝的象征，皇帝穿的衣服叫龙袍，皇帝睡的床榻叫龙床，皇帝办公的桌子叫龙书案，皇帝高兴是龙颜大悦，皇帝生气是龙颜大怒，给皇帝提意见是逆龙鳞。但同时我们应该注意到，龙在古代并非皇帝专用。

端午节赛龙舟、元宵节舞龙灯，都是自古至今一直流行在中华大地上的民间风俗，并没有因为涉及龙而遭到皇帝们的禁止。但有一点需要说明，那就是从元代起，只有皇家可使用五爪龙造型，民间只能用三爪或四爪的龙图案。

中国龙在开始时都是三爪的，后来才出现了四爪龙，有时则两者结合——前两足为三爪，后两足为四爪。元代时出现了五爪龙，并且被定为皇家的专用之物，到了清朝则只有皇帝才可以用五爪龙，其他人（包括太子）用五爪龙都属于违法犯罪行为。

顺便说一下日本和朝鲜（包括韩国）的龙。日本在唐朝时与中国交往频繁，那个时候中国的龙都是三爪，日本也就只能从中国引进三爪的龙，并且一直保持到现在。朝鲜（包括韩国）在清末之前的一千年里都是中国的附属国，中国皇帝开始用五爪龙图案的时候，自然不可能让属国跟自己平起平坐，于是朝鲜（包括韩国）的龙就只能有四爪了。

中国古代的禁忌避讳是很多的，五爪龙为一例，皇帝的名字也是一例。比如唐初名臣李世勣（原姓徐，因功被唐高祖赐姓为李）在唐太宗李世民登基即位后就马上改名叫李勣了，因为全国人民都要避讳在位皇帝那高贵的名字。

皇帝的名字不能随便使用，但象征皇帝的"龙"字却并没有相关的禁忌。

现代人望子成龙心切，往往喜欢给孩子起名叫这个龙那个龙，古代人亦不例外，并没有因为皇帝这条龙的缘故而在取名字时对"龙"字避而远之。实际上，古人中以"龙"作为名字的不在少数，青史留名的就有三国名将"常胜将军"赵云赵子龙，著名小说家冯梦龙，明代杰出大臣邹应龙，等等。

"龙"字不但可以被古人用在名字中，还可以出现在文人的号里，诸葛亮号卧龙就是大家非常熟悉的一个例子。可能会有朋友提醒笔者不要拿小说家言的《三国演义》做例子，那就在此给出《三国志》中的一段原文吧："时先主屯新野。徐庶见先主，先主器之，谓先主曰：'诸葛孔明者，卧龙也，将军岂愿见之乎？'"

其实，关于龙并非皇帝专用这一点皇帝们也是认可的，北宋的神宗就曾明确表过态。

北宋中期，控制了中央政府的变法派大肆打击反对变法的保守派。性情刚直、不拘小节的苏轼最不为变法派所容,但他为官清正,政绩斐然,深得百姓爱戴,变法派中的小人在这方面根本无从下手,于是便从苏轼的诗文中挑毛病。

苏轼写过一首《王复秀才所居双桧》,其中有这样两句:"根到九泉无曲处,世间惟有蛰龙知。"恶毒小人们抓住诗中的"蛰龙"二字大做文章,推举副宰相王珪对神宗皇帝说:"'龙'乃天子象征,在位的天子被称为'飞龙',只有去世的皇帝才被称为'蛰龙',即地下的龙。陛下飞龙在天,而苏轼却说只有'蛰龙'才能了解他,这不是大逆不道吗?"宋神宗当即反驳道:"文人诗句怎可如此推断?苏轼吟诵桧树与我何干?再说,龙也并非只指天子,孔明不也自称卧龙吗?"

正是因为皇帝也认可龙并非皇帝专用,苏轼才逃过了一场生死劫,我们也才有幸得以欣赏到他更多的优美诗文。

辽金元

辽国萧太后的爱情绝唱

首先,笔者想聊一聊辽国萧姓的来历,这是一个很有意思的故事。辽国是从氏族奴隶制社会转变过来的,有氏族外通婚的习俗。与创立辽国的耶律氏世代通婚的是唯乙氏和拔里氏两个部族。辽太祖耶律阿保机建辽之后,因为追慕汉高祖皇帝,便将自己的耶律氏兼称刘氏;又认为唯乙、拔里世任国事功劳极大,可比汉开国丞相萧何,遂将其后族一律改称萧氏。阿保机的皇后述律平本人虽未改姓,但她的两个弟弟却都改姓萧了。

萧氏与耶律氏世代通婚的习俗一直沿袭下来:萧氏的女子都嫁给耶律氏,耶律氏的女子都嫁给萧氏。萧氏成为辽国仅次于耶律氏的权贵势力。有辽一朝,萧氏共有十三名皇后、十三位王爷、十七位北府宰相、二十位驸马。

十三位萧后中,最有名的当数辽景宗的皇后萧绰,也就是20世纪80年代风靡全国的评书《杨家将》中的那位萧太后。在《杨家将》里,还有一位辽国的重要人物,他就是大将韩昌韩德让。历史上,萧太后与韩德让可不仅仅是君臣关系,他们还是一对"在天愿为比翼鸟,在地愿为连理枝"的生死恋人。

萧绰的乳名叫燕燕,应历三年(953年)出生于契丹贵族家庭。她的母亲是燕国大长公主(辽太宗的第二个女儿),父亲萧思温家族在朝中世代为官。萧思温其人不仅足智多谋、工于心计,堪称干才,而且"通书史",在太宗至穆宗时曾任南京留守、兵马都总管,"以密威预政",与其他契丹贵族相比,这是一个汉化较重的家庭。

汉族大臣韩匡嗣与萧思温两家是世交,关系一直非常亲密。韩匡嗣之子韩德让生得英俊潇洒、仪表堂堂,而且文武双全。他早就听说萧家三女燕燕论文才、论武艺、论相貌都数辽国第一,只是无缘得见。一次韩德让随父亲前往萧家大帐,偶然见到了箭袖戎装、楚楚动人的萧燕燕,发现她果然是一个绝色女子,简直比传言更胜十分,而萧燕燕对这位公子也颇有好感,两人的情感都产生了莫名其妙的共鸣。

恰在两人情投意合行将谈婚论嫁之时,宫中发生了一件惊天动地的大事。应历十九年(969年)二月,昏庸残暴的辽穆宗被近侍花哥等六人杀死。侍中萧思温在关键时刻凭借智慧和勇气,与南院枢密使高勋、飞龙使女里拥立耶律贤登上皇帝宝座,改元保宁,是为辽景宗。这一重大历史变故给萧思温带来了莫大的政治利益,不仅萧思温本人继续升官加爵,官至北院枢密使,兼北府宰相,又加尚书令,封魏王,军政大权集于一身,而且,萧绰一生的命运轨迹也从此改写。

原来,景宗耶律贤早就见过戎装打扮的萧绰,她的英侠之气曾令耶律贤艳羡爱慕不已。即位之后,他很快想起这位貌美如花的女子,一道圣旨就将她召进宫来,而萧绰和韩德让的婚事便自然搁浅了。

辽景宗耶律贤是世宗的儿子,在"火神淀之乱"世宗遇弑时,四岁的耶律贤被御厨刘解里裹上毡子藏在柴垛内,才免遭叛逆耶律察割毒手,由于幼年受到惊吓,所以他从小患有风疾。十七岁的萧绰嫁与二十二岁的景宗后,满腹才情使她不甘心只做一个贤淑的嫔妃,她暗下决心要参与国事,很快她就从贵妃被立为皇后。

面对混乱的局面,景宗的确是想大干一番事业,但无奈身体不好,风疾时常发作。每逢犯病,便由皇后代他上朝处理国事,扭转契丹王朝命运的大任便历史性地落到满怀政治抱负的萧绰身上。有这样一位能干的皇后做依靠,景宗既感到欣慰,又乐得可以偷闲,帝后二人可说是各得其所。萧绰名为辅佐,实为当政,她只需要把决策告诉床榻上的景宗而已。

乾亨四年(982年)九月,三十五岁的辽景宗在出猎途中,病逝于云州焦山行宫。临终之时他留下遗诏:"梁王隆绪嗣位,军国大事听皇后命。"这道遗诏无可争辩地将辽国交到了时年仅二十九岁的萧绰手里,这时,萧绰已经从皇后变成了太后。

辽景宗死后的日子里,韩德让的忠心和才干得到了进一步的展现,他不但为太后和幼主出了一个辖治宗室的绝妙计策,还"领宿卫事",直接负责他们的安全。

这时的太后萧绰还不到三十岁,正是女人成熟丰艳的年纪。治国时下手无情、绝不手软的她对于韩德让这位身份特殊的股肱之臣，表现出了与众不同的儿女情意。

据说，在景宗去世后不久，萧绰就对韩德让吐露了多年的深情，她说："我从前曾与你有过婚约，现在皇上去世，愿与你重拾旧好，再续前缘。现在我儿子当了皇帝，他也就等于是你的儿子，愿你好生照看！"韩德让没有想到当年的那个小女孩经过这许多年，做了太后之后，却仍然对自己旧情缱绻，实在是感动莫名，从此他更对萧绰忠心耿耿，而萧绰对他更是完全地信任，让他总领禁军，负责首都安全。

此后，韩德让出入宫帐，与萧绰情同夫妻，他们之间愈燃愈旺的旧情，并没有瞒着任何人，出则同车，入则共帐，就连接见外国使臣的时候都不避忌。

也许是因韩德让的原因，萧绰对辽国的制度和风俗进行了一系列大刀阔斧的改革。这些改革包括奖励农耕、倡导廉洁、治理冤狱、解放部分奴隶、重组部族……不但将辽国从奴隶制国家进一步向封建制国家转化，更重要的是改进了契丹族与汉族之间的关系。

虽然世人都知道萧太后与汉官韩德让之间的私情，但是这毕竟是没有名分的事情，坐在韩德让妻子位置上的仍然是其他的女子，而不是萧绰。时间一长，萧绰终于按捺不住了，执政治军多年之后早已深浸入骨的狠辣发作了，她暗暗派人将韩德让之妻李氏毒死，为自己下嫁韩德让扫清了障碍。

统和六年（988年）九月的一天，萧绰一反从前在皇宫中宴请皇亲众臣的惯例，在韩德让的帐室中大宴群臣，并且对众人厚加赏赐，"命众臣分朋双陆以尽欢"。面对这样一场以韩德让、萧绰为主人的大宴，所有的人都心知肚明：这就是萧太后下嫁韩德让的喜宴，从此以后，韩德让就是大辽国的太上皇帝了。后来甚至还有传言，说楚王耶律隆祐其实就是韩德让与萧绰的儿子。

自从萧绰正式表示下嫁韩德让之后，对于韩德让的"继父"身份，辽圣宗耶律隆绪不但毫无反感，反而还对韩德让有着发自内心的尊敬和父子般的感情。他每天都让自己的两个弟弟隆庆和隆祐（萧绰四子中排行最幼的耶律郑哥早夭）去向韩德让问候起居，而且让他们在离韩德让寝帐二里以外的地方就必须下车步行；韩德让如果离京外出返回，两位亲王也要去站守迎接，问安拜见。作为辽国皇帝的耶律隆绪本人去见韩德让时，礼节更是一点儿都不含糊：他会在五十步以外的地方下车步行，韩德让虽然出帐迎接，隆绪却一定会先向他行礼，入帐后更是由韩德让高居上座，隆绪则极为恭敬地向他执父子之礼。

统和十八年（1000年），韩德让成为辽国最大的实权人物：任太保，兼政事令，总理南北二院枢密院事，拜大丞相，进齐王。

统和二十二年（1004年）十二月，韩德让被赐姓辽国国姓耶律，改名为耶律隆运，封晋王，位在亲王之上。除了这些头衔，他还得到了一座规制与皇宫不相上下的文忠王府，享有帝王级别的随从队伍。从此，以述律平皇后的奴隶之身份出现在辽国历史上的韩氏家族正式成为皇族。韩德让没有辜负萧绰的信任和爱慕，终其一生，都对萧绰忠贞不贰，从来不曾利用她给予自己的特权做任何危害辽国朝政的事情，为辽国的振兴发展可谓做到了殚精竭虑，鞠躬尽瘁，死而后已。

享受着儿女孝顺、丈夫恩爱的承天皇太后萧绰在统和二十七年（1009年）十一月为儿子举行了契丹传统的"柴册礼"，将皇权交还给了耶律隆绪，决定从此结束她在辽景宗、辽圣宗年间整整四十年有余的"摄政女皇"生涯，去南京（今北京）安享晚年。

不幸的是，就在南行的途中，萧绰染上了疾病，十二月初，她病逝于行宫，终年五十七岁。

萧绰的死使辽圣宗耶律隆绪悲哀异常，他寝食俱废，一直哭到呕血，并为母亲上谥号为"圣神宣献皇后"，隆重安葬于辽乾陵。

萧绰之死对晚年的韩德让来说更是沉重的打击。他从此郁郁寡欢，一年后便重病不起。耶律隆绪和皇后萧菩萨哥每天按照儿子、儿媳妇的礼节为他侍奉汤药，却仍然回天乏术。

统和二十九年（1011年）三月初，韩德让与世长辞，享年七十一岁。

辽圣宗耶律隆绪为继父举行了隆重的葬礼，一切规制都与母亲一样。他亲自拉着韩德让的灵车送出百步之远，并且为他服丧，随后将他安葬在母亲的身边。

中国历史上的后妃数不胜数，然而通观下来，只有萧绰，不但建功立业、彪炳史册，而且还真正享有了一个女人完整幸福的人生。

屈出律：最贪婪的上门女婿

1125年，契丹族创立的辽国在北宋和金国的南北夹攻下土崩瓦解，但是，辽国其实并没有彻底灭亡。

就在辽国灭亡的前一年，出身辽国宗室的大臣耶律大石眼见大辽政权摇摇欲坠，奄奄一息，就带领一支军队一路向西去寻找出路。后来，耶律大石在中亚地区站稳了脚跟，建立了一个新的辽国，历史上称为西辽。西辽实力最强的时候，控制着东起今天的吐鲁番，西到浩瀚里海，南至昆仑山一线，北越巴尔喀什湖的广大土地，是亚洲中部所向披靡、战无不胜的军事强国。

西辽建国七十多年后，一个改变这个国家命运的流浪汉来到了它的都城虎思斡鲁朵，就是现在的吉尔吉斯斯坦首都比什凯克附近。

这个人名叫屈出律，他不是一般的流浪汉，而是一个落难的贵族。大家对在蒙古高原上和成吉思汗长期对抗的乃蛮部应该不会陌生吧？屈出律就是乃蛮部亡国之主太阳汗的儿子。

太阳汗战死，乃蛮部故地被成吉思汗占据之后，屈出律率领大批部众逃到阿尔泰山投奔他的叔父不亦鲁黑汗，很快，不亦鲁黑汗也被蒙古军打垮，屈出律不得不再次出逃，他向南越过天山到达库车山区。这时，屈出律和他的部下所带的粮食已经吃完了，为了避免一起饿死的结局，他们最终决定就地解散，各自求生。

屈出律带着几十号人衣衫褴褛、跌跌撞撞地进入西辽国境的时候，西辽在位的皇帝是耶律大石的孙子耶律直鲁古。耶律直鲁古对屈出律的贵族气质非常喜欢，又被他的花言巧语打动，不但给了他高爵厚禄，还将女儿忽浑公主许其为妻。屈出律没想到自己的命会这么好，转眼间从脱了毛的凤凰变成了乘着龙的驸马爷，心底那已经瘪瘪的欲望气球又开始一点点地膨胀起来。

不久，西辽附属国花剌子模的国王沙摩柯莫从西面大举犯境，挑战西辽的宗主国地位，耶律直鲁古面临着前所未有的巨大麻烦。在这生死存亡的时刻，屈出律提出亲自去东方召集乃蛮旧部，帮助岳父打退花剌子模的进攻。耶律直鲁古喜上眉梢，龙颜大悦，赐给屈出律大量金银财宝，并封他为可汗，以便他招兵买马，为国御敌。

耶律直鲁古没有想到的是，他钟爱的女婿屈出律其实是个养不熟的白眼狼，这个家伙既不感谢老丈人的收留之恩，也不满足于驸马爷的奢华生活，他从离开都城虎思斡鲁朵那天起就彻底变了心肠，他要做的不是拯救老丈人的西辽国，而是和老丈人的敌人沙摩柯莫共同瓜分西辽这块肥肉。

屈出律聚集了乃蛮部的旧众后，立刻和沙摩柯莫联手向虎思斡鲁朵发起了进攻。耶律直鲁古一心期待着自己信任的女婿带着兵马来帮助自己对付花剌子模的沙摩柯莫，没想到等来的却是东边屈出律恩将仇报,兵临城下,西边沙摩柯莫一路杀来,步步紧逼。这时,诡计多端的屈出律使出了诱降计,他向耶律直鲁古许诺只要下令开城投降,就尊其为太上皇,同时不改动大辽国号和各项制度。生性糊涂的耶律直鲁古又一次上了女婿的当,同意了屈出律的条件。于是,屈出律在禅位仪式后成了西辽的最高统治者,但是,此时的西辽面积已经缩水了一半,因为花剌子模和撒马尔罕按照屈出律和沙摩柯莫当初签订的协议脱离了西辽帝国。

屈出律一坐上西辽皇帝的宝座,就又玩起了阴谋诡计,他表面上尊奉岳父耶律直鲁古为太上皇,岳母古尔别速为皇太后,实际上却把他们老夫妇两个软禁起来了。两年后,耶律直鲁古在极度抑郁中死去。

屈出律篡权得逞后,先后耍出了一连串的昏着,用武力强迫境内的伊斯兰教徒改信佛教或者改穿契丹服装,在每一户百姓家安置一个乃蛮部士兵由百姓供养,每逢秋季派兵四处掳掠烧杀,结果境内反抗不断,政权始终不稳。

多行不义必自毙,阴险狡诈、残忍暴虐的屈出律注定没有好结果——1218年,屈出律再次被成吉思汗的军队打得狼狈逃窜,在今天的新疆塔什库尔干被山中猎户擒获,而后被押到蒙古名将哲别(就是《射雕英雄传》中的哲别)面前,很快就掉了脑袋。

战还是不战,这也是个问题

在南宋初期的朝堂上,文武百官是分为战、和两派的,岳飞是主战派的代表,秦桧是主和派的头头儿,因此,对于南宋朝廷来说,战还是和是个大问题。殊不知,对于战争的另一方,军事上占有优势的金政权来说,战还是和也是个大问题,是个难以统一意见的大问题,而且和南宋一样,金国的主战派和主和派也一直在进行着明枪暗箭、你死我活的斗争。

金政权是由女真族首领完颜阿骨打创立的,但金人南下灭宋时,阿骨打已经驾崩五年了,当时在位的皇帝是他的弟弟完颜晟,历史上称为金太宗。

金太宗在金兵攻占东京,俘获徽、钦二帝,灭亡北宋后,原本企图继续挥师南下,一举灭掉赵构刚刚建立的南宋政权。但是,在南宋军民的英勇抵抗下,长期作战的金兵逐渐成了强弩之末,最终丧失了彻底灭宋的实力,并且渐渐产生了厌战情绪。

与此同时,金国上层也分成了两个互相对立的派系。主战派以完颜宗翰和完颜宗弼为首,这两个名字似乎很陌生,其实就是《岳飞传》里的大太子粘罕和四太子金兀术。完颜宗弼的确是四太子，他是金太祖完颜阿骨打的第四个儿子。完颜宗翰虽然地位高于宗弼，却并非大太子，他只是完颜阿骨打的一个堂侄，但他的父亲撒改是大金的开国丞相，威望极高。主和派的代表人物叫完颜昌，他是完颜阿骨打的堂弟，比主战派的两个头头儿高一辈儿，大汉奸秦桧就是他一手培植起来的。

完颜宗翰是金国灭宋时的两大主将之一，另一个主将完颜宗望（完颜阿骨打的二儿子）还没来得及好好品味胜利果实就撒手西去了。于是，完颜宗翰就成了大金国军方最强势的领导人，掌握着大部分的军权，再加上他父亲，前首相撒改的巨大威望，结果他在金国朝廷的地位达到了前所未有的高度，以至于皇帝金太宗也不得不让他三分。

作为国家一把手的金太宗当然不甘心自己的朝堂上有完颜宗翰这样一个气势炽盛的烫手山芋，他要想办法让这个热山芋凉一点儿或者干脆将其踢出大金国的权力中心。

为了打压完颜宗翰的嚣张气焰，金太宗开始扶植完颜宗辅、完颜宗弼和完颜昌这三个军界要人来跟完颜宗翰抗衡。

但是，人算不如天算，金太宗最终还是输给了完颜宗翰，因为就在他为反击完颜宗翰做准备的时候，一场突如其来的大病击中了他——他中风了，而且程度很重，卧床不起。就在这时，完颜宗翰带领着亲信们来找金太宗商谈皇位继承人的问题了。

金国当时执行的是兄终弟及的皇位继承制，按照这个制度，金太祖完颜阿骨打死后，金太宗继位，金太宗死后，由他的弟弟完颜杲继位，然后皇位再转到金太祖的嫡长子完颜宗峻手里。由于完颜杲、完颜宗峻和金太祖的另一个嫡子都已先于金太宗过世，所以，金太宗驾崩后，应该由完颜宗峻的儿子完颜亶继承皇位。但是，金太宗想让自己的儿子完颜宗磐在他身后即位，并且一直在偷偷培植儿子的势力。

军权在握的完颜宗翰希望在金太宗死后扶立一个小皇帝，这样他就可以凭借自己的军事实力把朝廷上下控制在手中，因此，他坚决支持由十六岁的完颜亶按照兄终弟及制继承皇位。

面对着完颜宗翰提出的天经地义、无可辩驳的皇位继承方案，考虑到完颜宗翰背后的几十万大军和如云强将，金太宗实在不敢拒绝对方的提议，于是，完颜亶被立为了皇位继承人。

三年后，金太宗驾崩，完颜宗翰支持的完颜亶继位，这就是金熙宗。完颜宗翰以为他真正的好日子来临了，但结果却完全出乎他的预料。

按照完颜宗翰的如意算盘，小皇帝金熙宗会对他感恩戴德、言听计从，可是，小皇帝却偷偷地站到了他的对立面完颜宗磐那一边。究其原因，应该不外乎这样三点：其一，皇帝虽小也已经十六岁了，他不愿意做完颜宗翰手里的傀儡；其二，小皇帝在血缘上和完颜宗磐的关系比完颜宗翰近得多，具体说，小皇帝的生父完颜宗峻和养父完颜宗干（完颜阿骨打庶长子）跟宗磐是正儿八经的堂兄弟，跟宗翰则只是同宗而已；其三，小皇帝被完颜宗磐谦恭的假面欺骗了。

完颜宗磐本来是有机会登基称帝的，结果却因为完颜宗翰的干涉而一脚踩空，美梦破碎，所以他从心底里恨死了这个掌握着大半军权的家伙。完颜宗翰是主战派，完颜宗磐就大力倡导和南宋议和，并且和主和派的重要人物完颜昌、完颜宗隽走到了一起，而小皇帝金熙宗和养父完颜宗干也想削弱完颜宗翰的嚣张势力，于是，他们暗中结成了以除掉完颜宗翰集团为目标的政治联盟。

金熙宗在完颜宗干和完颜宗磐等人的指引下，先采用明升暗降的方式剥夺了完颜宗翰一派的军权，把他们安排到中央政府担任有职无权的高官，其中完颜宗翰的职位是太保、尚书令，领三省事，封晋国王。两年之后，金熙宗对完颜宗翰的几个主要亲信下了狠手，先罢官后杀头，让完颜宗翰变成了光杆司令。生性暴躁的完颜宗翰眼见自己的心腹一个个被杀，却无力相救，直气得在背地里独自对着墙呜哇乱叫，结果不到一个月就一命呜呼了。

除掉了完颜宗翰后，自恃功高势大的完颜宗磐撕掉假面具，露出了他的本来面目，他和完颜宗隽、完颜昌这三个主和派结党弄权、营私舞弊，在朝廷上横行霸道、肆无忌惮，根本不把皇帝金熙宗放在眼里。

金熙宗和他的养父完颜宗干对完颜宗磐等主和派们越来越不满，于是他们开始重用主战派的另一个重要人物——完颜宗弼，也就是大家非常熟悉的金兀术。

就在金熙宗对主和派们越来越不能容忍的时候，完颜宗磐、完颜宗隽和完颜昌这三个家伙抖出了一个令皇帝难以接受的提议。为了和南宋议和，他们主张把河南和关中地区归还给宋朝，摆在桌面上的理由是这两个地方一马平川，不利防守，实际原因是他们收受了南宋政府的巨额贿赂，数额之巨大从交易的内容中便可想而知。

金熙宗和养父完颜宗干虽然一直非常仰慕汉族文化，愿意和南宋朝廷和平共处，但他们并不肯把河南和关中的偌大土地让给南宋，可是以完颜宗磐为首的主和派当时权倾朝野，风头正劲，金熙宗不得不在和议上重重地盖上了传国玉玺。

从那一刻起，金熙宗已经决定要对主和派动手，很快他和主战派完颜宗弼暗中联起手来了。

皇帝要想找大臣的错，那是一找一个准儿，正所谓：说你错，你就错，不错也错。何况完颜宗磐等人有数不清的小辫子让皇帝可以抓呢！

在掌握着一半军权的主战派完颜宗弼的鼎力支持下，金熙宗向以完颜宗磐为首的主和派展开了反攻倒算——完颜宗磐和完颜宗隽以谋反罪被杀；完颜昌因为功劳大、辈分高而免于一死，被贬往外地驻守。

完颜昌离京后，不思悔改，继续骄纵不法，为非作歹，并且企图和翼王完颜鹘懒联手谋反，被人告发后向南逃窜，最终被完颜宗弼派出的追兵杀死在祁州，连带着两个儿子也送了命。

几年来一直处于压抑状态的完颜宗弼终于彻底清除了对立的主和派阵营，翻身成了金熙宗最信任、最倚重的大臣。他向皇帝提出重新攻取还给南宋的河南和关中之地，为进一步南侵做准备。金国政坛战、和两派之间长达十年的政治斗争以主战派的完全胜出而告终。此后的十年间，完颜宗弼一直掌控着金国的朝政大权，直到1148年因病去世。

俗话说，没有永恒的朋友，也没有永恒的敌人，只有永恒的利益。岳飞时代金国政权的风云变幻、波诡云谲，正是这句话真实而全面的历史写照。

三个皇帝的马球赛

一看题目，好像笔者要写的是一出欢天喜地、兴高采烈的大喜剧，其实恰恰相反，这个故事是一个彻头彻尾、血泪交迸的大悲剧。

1127年，金兵攻占北宋都城东京，延续了一百六十七年的北宋王朝寿终正寝。亡国之君宋钦宗赵桓和他老爸宋徽宗赵佶以及成千上万的宗室大臣被一起押到了三千里之外的会宁府，也就是现在的黑龙江省阿城区。虽然一路上受尽了百般折磨，但赵佶、赵桓这爷俩儿在异国他乡的苦难和屈辱其实才刚刚开始。

徽、钦二帝见了敌国皇帝金太宗后各自得了一个新封号，老子叫昏德公，儿子叫重昏侯。当年北宋灭南唐时，宋太祖曾封南唐后主李煜为违命侯，一百五十年后历史竟然在赵姓子孙身上重演了。接受了侮辱性的封号后，徽、钦二帝被迫带领后妃公主、王子驸马等人前往金国建立者完颜阿骨打的庙里去行"牵羊礼"，以示对金国的降服。更过分的是，不管男女都必须身披羊皮，袒露上体，钦宗的皇后受不了这样的奇耻大辱，当夜就自尽身亡了。

搞完"牵羊礼"后，徽、钦二帝的后妃、女儿、侄女等三百余人都被送入浣衣院做苦役，兄弟、子侄则被编入兵籍去给金国开荒种地。

金太宗开始时对恶搞赵佶、赵桓这两个被俘的南朝皇帝非常上瘾，今天取笑一番，改日捉弄一下，感觉倍儿爽，后来慢慢地就失去兴趣了，于是就把他们父子二人迁到韩州（今吉林省梨树县北偏脸城）去了。两年后，徽、钦二帝又被迁到了五国城（今黑龙江省依兰县城北旧古城），也就是传说中他们坐井观天的地方。

刚刚在冰天雪地的敌国开始没有自由和尊严的囚徒生活时，宋徽宗因为受不了金人的折磨而想到了一死了之。一天夜里，他趁着看守不注意，悄悄地把衣服撕成一条一条的，然后系成一个结实的长带子准备悬梁自缢。钦宗正好在这个时候被父亲弄出的声响惊醒了，他明白了怎么回事儿后，急忙冲上去把徽宗从绳套上抱了下来，父子二人先是相对无言，继而抱头痛哭。

令徽、钦二帝难以忍受的不仅仅是暗无天日的牢狱生活，长途跋涉的迁徙之路也是对他们的深重考验。

据署名辛弃疾的《窃愤录》记载，身为囚徒的徽、钦二帝的迁徙之路与当年被俘离京北上时相比更加艰难，北上时还有车辆马匹可以乘坐，此时却只能靠双脚去一步步丈量陌生的异国黑土。白天他们在骑兵的押解下不停地行进，除了充饥得不到片刻休息，光脚走在山路上时，"血流趾间，苦楚不能行步"，到了夜里，满目"鬼火纵横，终无止宿处，皆坐于地，至天晓又行"。正当盛年的宋钦宗还能忍受得了，年过半百的宋徽宗却是每况愈下，病骨支离。

到达目的地时，徽宗已经病得不轻，坐井观天的潮湿阴暗环境又进一步加重了他的病情，以至于后来严重到喉咙溃烂，几乎不能进食。要说徽宗不愧是见识过大世面、经历过大风浪的人，在这样的苦难遭遇下，他竟然硬挺了几年的光景，直到1135年死在囚禁他的土坑里。

徽宗在生前应该一直在期盼着已经做了皇帝的九儿子赵构来接他回归大宋，但他最终还是带着满腔悔恨和失望离开了这个已经把他折磨够了的世界。

当宋钦宗听到父亲的死讯赶来时，他看到的竟然是这样一个悲惨至极的场景：宋徽宗的尸体正被架在一个石头坑的上方焚烧，而且已经发出了焦煳的气味。钦宗被眼前的一切吓傻了，一时间呆若木鸡，不知所措。就在他还没反应过来是怎么回事儿的时候，石坑边的金人用水浇灭了尸体上的火焰，接着拿木棍使劲敲打了几下，然后把尸体扔到了旁边的一个大水坑里。清醒过来的宋钦宗拼了命也要把老爹的尸体从水坑里救回来，他一边痛哭一边疯了似的往水坑里跳，却被周围的金人紧紧地抱住了。不要以为金人是怕他受到伤害，他们只是不想让那一坑水白白浪费，因为如果活着的人进了那个水坑，坑水就不能用来当灯油了。

相依为命的老父悲惨地死去了，宋钦宗虽然痛彻肝肠，万念俱灰，但最终还是要直面苦难的囚徒生涯，继续承受生命中难以承受的重。

不久，金太宗驾崩，金熙宗即位。令宋钦宗没有想到的是，敌国皇帝的变动竟然让他的人生出现了重大转机。

金熙宗接受过汉族知识分子的教育,非常仰慕博大精深的汉文化,特别喜欢诗词歌赋,而且爱穿宽袍大袖的汉服。金熙宗知道宋徽宗是个了不起的大书法家、大画家、大诗人,并且爱屋及乌地对宋徽宗的女儿、侄女们产生了极大兴趣,于是他把浣衣院中有姿色的宋朝皇族女子都选入了宫中。在金熙宗有记载的十六位后妃夫人中,竟然有九个是宋朝公主或宗室女子,她们分别是次妃赵金姑、赵赛月、赵飞燕(和"燕瘦环肥"的赵飞燕重名)、赵玉嬿,夫人赵玉盘、赵金奴、赵串珠、赵金印、赵檀香,除了赵飞燕、赵玉嬿、赵檀香之外,其余都是宋徽宗的女儿。

金熙宗原本就倾心于汉族文化,而且纳了宋钦宗的一众姐姐妹妹为妃为嫔,所以他对钦宗的态度比上一任皇帝金太宗要好得多。在金熙宗的关照下,宋钦宗的生活境遇有了明显改善,不再像以前那样惶惶不可终日了,钦宗在为自己感到庆幸的同时,也为父亲徽宗没赶上这样的好时代而深感遗憾。

后来,宋金对峙出现了对南宋有利的形势,金熙宗对宋钦宗的关照进一步升级,不但改封其为天水郡公,还追封死去的徽宗为天水郡王,和重昏侯、昏德公相比,这两个新封号不仅没有了侮辱性的含义,而且各自升高了一级。金熙宗向南宋朝廷示好的另一个表现是允许宋高宗赵构的生母韦贤妃带着徽宗的灵柩南归宋国。

1142年,韦贤妃一行在凛冽的寒风中启程南下回归宋国,前来送行的宋钦宗挽住庶母的车轮,请她转告同父异母的兄弟宋高宗想办法把他赎回宋国,并且说若能回去"只为太乙观主(高级道士)足矣,他不敢望也"。韦贤妃当时也悲痛动容,许诺说如果钦宗不能归宋,她宁愿眼睛瞎掉。但是宋高宗担心作为前皇帝的钦宗和他争夺帝位,根本不考虑迎接哥哥回国的事情,食言的韦贤妃晚年竟然真的因为眼疾瞎了一只眼睛。

日子就在宋钦宗对南归大宋的期待中一天天地过去了,直到八年后金熙宗被篡逆的海陵王完颜亮杀害。

完颜亮是个残忍暴虐、杀人如麻的皇帝,不仅穷兵黩武,频繁攻打南宋,还动辄杀戮朝廷大臣,戕害金国宗室,甚至害死了对他不满的皇太后。迁都燕京(就是今天的首都北京)之后,完颜亮喜欢上了一项高级体育运动——打马球,要知道,当年的盛世天子唐玄宗和他最钟爱的女人杨贵妃可都是马球高手。

古人曰:独乐乐不如众乐乐。完颜亮虽然是个胡人,却也很懂得这个道理,他想让身边所有的人和他一样热爱马球,一样积极参与马球运动,于是就有了历史上空前绝后的三个皇帝的马球赛。

据《窃愤录》记载,1161年,为了庆祝金国大阅兵胜利举行,完颜亮在讲武殿前举行马球比赛,并且强迫六十一岁的宋钦宗和八十多岁的辽国末代皇帝耶律延禧参赛。

多年的囚徒生活一直在损伤宋钦宗本来就不强壮的身体,北方的严寒更让他患上了严重的风疾,而且他的一只手被火烧伤过,用起来很不方便。更糟的是,宋钦宗虽然会骑马,但马术并不精湛,根本不能胜任你追我赶、拼命争夺的马球比赛。结果,比赛刚刚开始一会儿，宋钦宗就从马背上摔下来了。在那么激烈的比赛中，即使有人想去救他也来不及了，何况看台上都是对他漠不关心的敌国君臣显要。最终，不幸的宋钦宗在马球场上被疯狂的马蹄践踏而死。

另一个被迫参赛的亡国之君耶律延禧虽然身体比宋钦宗要好一些，但毕竟已经年过八十，早已是风中烛、瓦上霜，最后当然也难以逃脱命丧马蹄、血染赛场的悲惨结局。

宋钦宗的死讯传到南宋朝廷时，宋高宗表现得异常难过，给死去的哥哥上谥号为"恭文顺德仁孝皇帝"。宋高宗一直想把皇位传给自己的儿子，担心哥哥钦宗及其儿子们一旦回来会和他抢夺皇帝宝座，但历史跟他开了一个天大的玩笑，他一直也没有生出自己的儿子，最终不得不把皇位传给了从宗室中选出来的养子。

成吉思汗的儿子们

说起元朝的皇帝，大家最熟悉的应该是一代天骄成吉思汗和定都北京、改国号为元的元世祖忽必烈，于是有不少人就想当然地以为忽必烈是成吉思汗的儿子，实际上他们之间是隔着一代人的，这代人当然就是成吉思汗的儿子们。

成吉思汗记录在案的嫡生儿子共有四个，分别是术赤、察合台、窝阔台和拖雷。他们和他们的儿子们有的曾经监国执政，有的继位当了蒙古大汗，有的率兵西征，创建了和蒙古汗国不相上下的金帐汗国（又称钦察汗国），各自有着或精彩，或悲壮，或荒唐的人生经历。

术赤虽然是成吉思汗的长子，但他的出身一直很有争议。当年，铁木真，就是后来的成吉思汗，力量还不够强大的时候，他的妻子孛儿台被敌人蔑儿乞部俘虏，并被迫做了别人的老婆。数月后，铁木真借助札木合、王罕的大军消灭了蔑儿乞部，孛儿台得以回到成吉思汗身边，而术赤就是在孛儿台返回途中出生的。因为从孛儿台被俘到她生下术赤，时间不多不少正好九个月，所以术赤究竟是孛儿台在被俘前所怀还是被俘后怀上的，一直众说纷纭，但深明大义的成吉思汗对术赤和别的儿子一视同仁，从未慢待。

1213年，蒙古军兵分三路进攻金国，术赤和二弟察合台、三弟窝阔台率右路军攻打太行山东西两侧的州县，连克云内、东胜、武州、朔州等地。1218年，术赤又独自领兵讨平吉利吉思等部落的反抗。次年，他参加西征，领军攻下昔格纳黑、八儿真（都位于现在的哈萨克斯坦）、毡的（位于锡尔河北岸）等地，接着和察合台等部会师，攻下花剌子模首都玉龙杰赤（今土库曼斯坦的尼亚乌尔根奇）。后来，术赤因和察合台的矛盾激化，便擅自还师，回到了自己的封地——从钦察草原到花剌子模的广大地区。

1227年，术赤病逝，他的次子拔都在兄弟们的拥戴之下继承父亲的汗位成了大汗。

拔都是蒙古历史上最杰出的军事统帅之一。他继承父位后于1235年率领四大家族的年轻宗王们统兵远征钦察、俄罗斯、波兰、匈牙利等国，经过十几年的艰苦征战，拔都征服了上述诸国（匈牙利国因为窝阔台大汗去世而未全部征服），最终建立了东起额尔齐斯河，南至里海，西达斡罗思，北迄伏尔加河上游，面积广大、地大物博的金帐汗国。

察合台是成吉思汗的次子，但他一直自视为父亲的长子，把术赤看作"蔑儿乞野种"，这也是他和术赤不和的主要原因。

察合台和术赤一样在灭金和西征中立下了赫赫战功，所以成吉思汗把畏吾儿（即维吾尔）以西直至阿姆河之间的草原地区（大体上相当于现在的新疆地区）分封给他。这就是历史上的察合台汗国。

1226年，成吉思汗出征西夏，察合台受命留守蒙古大斡鲁朵。虽然察合台和长兄术赤不和，但他和三弟窝阔台相处得非常融洽，所以父亲成吉思汗逝世后，察合台就遵照遗命拥戴窝阔台登上大汗之位，并亲自带头执臣属之礼。窝阔台即位之后，作为哥哥的察合台一直谨守臣下礼节，维护大汗尊严，深受窝阔台信任。另外，察合台熟悉法令，执法严峻，窝阔台对他极为尊重，每逢汗国大事，必先遣使咨询商议，征得他的同意后才有所行动。

1241年5月，察合台先窝阔台七个月病逝。后来，元世祖忽必烈见自己的祖父、父亲、大伯父、三伯父都有了皇帝的称号，便怀着同情之心追谥二伯父察合台为元圣宗忠武皇帝。

鹬蚌相争，渔翁得利。术赤和察合台之间的矛盾成就了窝阔台的辉煌——成吉思汗既不想伤害长子术赤，也不想伤害内心不承认术赤长子地位的察合台，于是他在遗嘱中把大汗之位传给了三儿子窝阔台。

令人奇怪的是，成吉思汗指定的继承人窝阔台却不能顺利登上大汗之位，因为蒙古的库里尔台制（部落议事会制度）仍然在起作用，窝阔台必须等待库里尔台大会的最后决定。在王位空缺的两年内，由成吉思汗的幼子拖雷监国摄政，因为按照蒙古旧制，父亲的财产应由最小的儿子继承。成吉思汗逝世两年后，即1229年的秋天，库里尔台大会胜利召开，在会上推选新大汗成了最重要的议题。王公大臣们有的主张恪守旧制，立幼子拖雷；有的主张遵守成吉思汗遗命，立三子窝阔台。当时，成吉思汗的长子术赤已死，二子察合台全力支持三子窝阔台，幼子拖雷势单力孤，所以在四十天的马拉松会议之后，窝阔台取得了最后的胜利。

窝阔台能够成为成吉思汗的继承人，也得益于他的性格和能力。他做事"量时度力"，很少犯错，做人公正谨慎，善于决断，而且慷慨大方，乐善好施，在四兄弟中最有主政能力，在军民中也很有威望。窝阔台执政的中前期，他在名相耶律楚材的辅佐之下，完善法令，安抚百姓，灭掉金国，西征欧洲，震撼了整个欧亚大陆，以至于现在美国高中的历史试卷中还有这样的问题："窝阔台如果没有死，欧洲会发生什么变化？试从经济、政治、社会三方面分析。"

但是，窝阔台实际上是一个非常复杂的人，他人性中残忍、暴虐、贪婪、荒淫的一面也很突出，特别是在他的统治后期。

窝阔台在征战过程中有多次屠城的暴行，死在他命令下的士兵、百姓据说多达两千万，中亚文化名城花剌子模就毁在他的手里。进入晚年后，窝阔台逐渐变得沉湎酒色，纵情享乐，成了一个骄奢荒淫的昏君，结果搞得天怒人怨，举国不安，自己最终也因为酒色过度而一命呜呼。

窝阔台的残忍还表现在他对亲兄弟拖雷的心狠手辣、冷酷无情上。拖雷是成吉思汗最小的嫡子，自幼随父征战，有着卓越的军事才能。1213年，二十岁的拖雷率兵攻占金国德兴府（今河北省涿鹿县），后又随父亲成吉思汗攻克金国的雄、霸、莫、河间等河北州郡和山东各州郡。1219年，拖雷与父汗统率主力西征，他们穿越沙漠，跨过阿姆河，占领了中亚中南部的大部分地区。

1127年，成吉思汗死后，相当于蒙古国议会的库里尔台大会按照祖制让拖雷暂时监国，以便将来在新一届大会召开时继承汗位。但是，后来在库里尔台大会上，因为二哥察合台坚决支持三哥窝阔台，拖雷最终遵照成吉思汗的遗旨，让窝阔台登上了大汗的宝座。

拖雷曾经监国执政，控制掌握着蒙古国百分之八十的军队，因此，即使他承认了窝阔台的大汗地位，愿意做三哥的左膀右臂，心机颇重的窝阔台仍然对他心存芥蒂，将他视为汗位的最大威胁。

1230年，即窝阔台即位的第二年，拖雷和窝阔台分兵攻打金国。1231年冬天，拖雷在均州三峰山（在今河南禹州境内）乘雪夜天寒尽歼金军主力部队，乘胜攻占了河南诸郡，随后与自白坡渡河南下的窝阔台军会合，共庆胜利。

拖雷刚刚立下的赫赫战功引起了窝阔台更深更重的猜忌，表面的觥筹交错、举杯言欢掩盖了窝阔台已经浮起的杀心。

班师回朝途中，窝阔台假装得了重病，拖雷来看望他。窝阔台安排好的巫师念着咒文，将窝阔台的疾病涤除在水杯中，拖雷为了表示对兄长和大汗的爱戴，拿起杯子祈祷，祝窝阔台早日恢复健康，并喝下了杯中除病的水。很快，窝阔台病愈，拖雷告辞回营，但几天后拖雷却不明不白地死了，因为窝阔台指使巫师在拖雷端起的水杯里下了毒。

躺在龙床上的窝阔台看见拖雷喝下毒水时，脸上肯定露出了残忍狠毒、阴险可怕的笑，但他并没有笑到最后，笑到最后的是被他害死的拖雷，更准确地说，是拖雷的妻子和儿子们。

1241年,窝阔台死于好色酗酒。他一死,他的老婆、儿子、儿媳、孙子陷入了争权夺利、互相拆台的混乱状态,搞得家不像家,国不像国。最后,一直在卧薪尝胆、励精图治的拖雷家族异军突起,拖雷的长子蒙哥在金帐汗国大汗拔都的支持下通过库里尔台大会登上了汗位。蒙哥去世后,他的弟弟忽必烈顺利继位,这就是历史上政绩卓著又得享长寿的元世祖。

拖雷的另一个儿子旭烈兀也非常有出息,他在蒙哥和忽必烈两位兄长的支持下,灭掉了都城在今伊拉克巴格达的黑衣大食,建立了东起阿姆河和印度河,西包小亚细亚,南抵波斯湾,北至高加索山的伊尔汗国。

元朝的两个"武则天"

翻一翻《现代汉语词典》中的我国历代纪元表,你会发现其中有四个女性,一个是吕后,一个是武则天,另外两个并不是我们熟悉的萧太后或慈禧太后,而是元朝的两位女主:乃马真后和海迷失后,她们分别在1242至1246年和1249至1251年称制执政。

她们是两个怎样的女人呢?

乃马真后是元太宗窝阔台的皇后。1241年,窝阔台因为酗酒而暴毙,蒙古军的西征进程被迫中止。当时大军正在朝中欧的维也纳推进,自此以后,蒙古大军再也没有踏上这片土地。元太宗死时留下遗嘱让他喜爱的皇孙失烈门继位,但皇后乃马真氏不从,她想立他的儿子贵由为大汗。按照当时的制度,大汗的废立必须由库里尔台大会通过,而和贵由存在矛盾的拔都(成吉思汗长孙,威望很高)拒绝出席,所以乃马真后就自己出面开始掌权执政,这就是历史上的"乃马真后称制"。

乃马真后是一个身世颇有传奇色彩的女人。

乃马真后原本是成吉思汗的仇人蔑儿乞部首领的女人,成吉思汗灭掉蔑儿乞部之后将她赐给了三儿子窝阔台为妻。这个女人不但美貌绝伦，能力出众，而且长于狐媚之术，窝阔台被她迷得神魂颠倒，对她极为宠信。乃马真后的肚子也特别争气，先后给窝阔台生下了五个儿子。所以，窝阔台继承汗位之后，就把她立为了主掌后宫的皇后。

乃马真后是一个美丽精明的女人，却并不是个政治家，刚刚掌权就做起了糊涂事。

她一直喜欢以皇后的身份和西域人做生意，因此她最信任的人不是宗室贵族，也不是文武大臣，而是一男一女两个来自西域的回回人（就是现在的回族）。男的叫奥都剌合蛮，是个商人；女的叫法特玛，是个巫婆。这两个家伙过去主要在后宫兴风作浪，乃马真后一称制，他们俩就跑到朝廷上来胡作非为了。

只会经商的奥都剌合蛮竟然被乃马真后封为丞相，为了夺取更多的权力，他和女巫法特玛互相勾结，屡次向乃马真后进谗，诋毁元老重臣，结果三朝元老耶律楚材忧愤而死，右丞相镇海等旧臣都被迫离开权力中心靠边站了，一时之间蒙古朝廷成了回族人的天下。在这种情况下，大蒙古国政事混乱，民不聊生，局势日益动荡不安。

乃马真后虽然有掌权的欲望，但她知道自己正在渐渐衰老，因此也一直在争取让儿子贵由合法继承汗位。1246年，拔都终于派他的弟弟别儿哥代表他来参加库里尔台大会了，就在这次会议上，贵由如愿以偿地成为了大蒙古国的第三任大汗，历史上称为元定宗。

贵由即位后不久，乃马真后就病死了。乃马真后一死，她所宠幸的奥都剌合蛮跟法特玛的好日子就到头了,前者被贵由找个借口砍掉了脑袋,后者被用毡子裹着抛进河里活活淹死了。尽管贵由一心想在成就和声名上超过他的父汗窝阔台,但明显心有余而力不足。可是,他在好酒贪杯、沉溺女色上和他老爸的确有一拼,而他的身体却一直虚弱多病、不堪一击,结果,他才当了两年多蒙古大汗,就撒手西去找他老妈乃马真后去了。

贵由的老婆海迷失后和她婆婆乃马真后一样也不是个省油的灯。

贵由大汗逝世后,海迷失后封锁消息,秘不发丧,而且向她婆婆乃马真后学习,自己临朝称制,掌握了国家大权。

海迷失后和她婆婆一样相信巫术,弄得朝廷上下乌烟瘴气。更糟的是,因为新的大汗还没选出,贵由的两个庶出儿子,一个叫忽察,一个叫脑忽,各据一宫,互相对抗,也不听从海迷失后的诏令;另一方面,蒙古宗王们又擅发文书,各自为政。朝廷内部的纷争导致汗国陷入了混乱之中,加之又遇大旱,水泉尽涸,野草自焚,牛马十死八九,蒙古汗国已是危机四伏,岌岌可危。

当窝阔台的子孙们花天酒地、胡作非为的时候,拖雷的妻儿们正在努力树立自己家族的崇高声望,前者已经根本不是后者的对手了。1249年的库里尔台大会上,在以拔都为首的蒙古宗王的支持下,拖雷的长子蒙哥被立为大汗,他就是历史上的元宪宗。蒙古大汗的宝座终于从窝阔台家族转到了拖雷家族手里。

海迷失后和忽察、脑忽兄弟不甘心放弃权力承认失败,曾经互相对立的三人竟然联手作起乱来,而且还串联了窝阔台系的其他宗王们,但拖雷的儿子蒙哥、忽必烈(就是日后的元世祖)和他的妻子、老王妃唆鲁火贴尼都是相当厉害的角色,所以,叛乱很快就被平定了。蒙哥大汗处决了忽察、脑忽等首要分子七十余人,海迷失后因暗中策动窝阔台系宗王谋反被投入河中溺死。

乃马真后和海迷失后对权力都有着和武则天一样强烈的欲望,却又都没有武则天那样高卓的政治能力,她们临朝称制的故事就好像是历史老人跟蒙古汗国开的一个莫大的玩笑,骄奢淫逸的窝阔台家族在笑声中一败涂地,励精图治的拖雷家族则在政治游戏中笑到了最后。

浪里白条张顺：原来他是抗元英雄

喜欢古典长篇小说《水浒传》的朋友肯定对梁山好汉浪里白条张顺这个人物非常熟悉，提起"张顺"这个名字，熟悉他的读者眼前肯定会腾跳出江州城外浔阳江上黑李逵和白张顺在清波碧浪间一决高下的热烈场面，也一定会浮现出杭州城涌金门上张顺万箭穿心一命归神的悲壮一幕。但要说起历史上的张顺是怎样一个人，和《水浒传》中有什么不同，恐怕大部分读者都是一头雾水，摸不着头脑了。

《水浒传》里的张顺生活在北宋末年，而历史上的张顺却活跃在南宋末年，中间整整隔了一百五十年的时间，但后者明显是前者的人物原型。

武侠大家金庸先生在《神雕侠侣》一书中详细描写了南宋末年襄阳保卫战的曲折经历和壮烈画面，塑造了护国保民、打动人心的大侠郭靖的光辉形象。令人遗憾的是，这是小说家言，不足为信，但历史上的宋元襄阳之战确实涌现出许多血洒疆场、可歌可泣的英雄人物，张顺就是其中非常突出的一个。

《水浒传》中的张顺从小生活在江州（今江西九江）附近的浔

阳江畔,历史上的张顺家乡应该在湖北一带,因为他是应京湖制置使李庭芝的招募投军报国救援襄阳的。和《水浒传》里一样,张顺有一个叫得很响的绰号,但不叫"浪里白条",而是"竹园张",很可能竹园是他故乡所在地。张顺应该是一个出类拔萃的好汉,所以他被慧眼识英的李庭芝委任为都统,同时被任命的还有诨号"矮张"的张贵。

南宋淳熙八年(1181年)五月,张顺和张贵率领三千勇士,驾着百艘战船沿江而上,救援已经长期被困的襄阳守军。出发前,张顺二人对麾下的将士们说:"此行有死而已。如非本心,即可退去,别坏了大事!"三千勇士一个个精神振奋,热血满腔,都做好了和元军决一死战的准备。

张顺、张贵率领的三千义勇军是在夜漏三刻起锚出发的,每艘战船上都装满了救援物资和火枪、火炮、炽炭、巨斧、劲弩等武器装备,船首挂着作为标志的大红灯笼。京湖制置使李庭芝一声令下,百艘战船乘风破浪,直奔襄阳,船头的百盏红灯在风浪中犹自耀人眼目,映红了宽阔汹涌的江面。

当时,襄阳城外元军战船布满汉江江面,把城内的宋军重重围住,宋军粮草物资即将告罄,正急切盼望着援军的到来。

在张顺、张贵的率领下,三千义勇军在朦胧的夜色中突破元军层层封锁,斩断无数铁索木桩,艰难地向襄阳城一步步靠近。这次水上战役相当惨烈,宋元双方都付出了沉重代价,大量战船在炮火硝烟中化为灰烬,死伤将士的鲜血染红了汉江江面。

在这次水战中，张贵那艘船负责冲锋陷阵，张顺那艘船担任掩护殿后，冲锋陷阵固然需要勇气和实力，掩护殿后的任务也并不比前者轻松，甚至更艰巨，因为他们要替大家挡住所有的追兵。

为了保证前面那些战船顺利前进，张顺身先士卒，一马当先，带领他那艘船上的兄弟们浴血奋战，殊死搏斗，打退了一拨又一拨蜂拥而至的元军追兵。

黎明时分，在汉江之上转战一百二十余里的勇士们终于突破重围抵达襄阳城下，城内城外军民百姓欢欣鼓舞，士气大振。令人痛心遗憾的是，在最后掩护大家的张顺那艘船上的将士已经全部命殒江上，壮烈殉国，张顺身中四枪六箭，落水时犹在执弓向敌人猛射。

数日之后，张顺的遗体被人发现，其时，英雄面容"怒气郁勃一如生时"。

人们感佩抗元英雄张顺的忠勇，惋惜他的悲壮结局，为了表达对英雄的崇敬之意、怀念之情，人们就把张顺的形象说进了平话，写进了小说，于是就有了广为人知的《水浒传》里的浪里白条张顺。

谢道清：大悲剧版的慈禧太后

慈禧太后虽无女皇之名，却有皇帝之实，她统治中国将近半个世纪，时间之长在历代女性统治者中只有女皇武则天可以与之相比。然而，她的一生却也充满了不幸，一方面她执政时期正值国势江河日下，列强多次入侵的清朝末年；一方面她在个人生活上青年丧夫，中年丧子，晚年又遭逢养子光绪执意变法，和她唱对台戏。但是，慈禧太后的结局是非常幸运的，她在清朝灭亡前恰到好处地驾鹤西游了，把清王朝的那堆烂摊子都抛给了末帝溥仪和太后隆裕那对倒霉的孤儿寡母。

相比之下，南宋末年的老太后谢道清则完完全全是个大悲剧。

谢道清的第一重悲剧在于她的出身。谢道清的祖父谢深甫曾经官居宰相，但她的父辈们都是碌碌平庸、不能守成的官二代，结果祖父去世后谢府很快就家道中落，入不敷出，内囊都翻上来了，以至于谢道清不得不放下贵族小姐的身份去做些体力劳动以便贴补家用。谢深甫当年在扶立宋宁宗的杨皇后一事上颇有功劳，宁宗驾崩后升格为皇太后的杨皇后见谢家窘迫不堪，就想提携一下谢氏子孙以报答谢深甫昔日的拥戴之恩。于是,谢道清就被选入宫中做了通义郡夫人,很快又在杨太后的关照下被立为宋理宗的皇后。

无宠是谢道清的第二重悲剧。谢道清生来皮肤黧黑,其貌不扬,而且一只眼睛有疾。她的伯父曾经就其入宫一事说过这样一句话:如果奉诏献女,当要厚置嫁妆,(而此女)今后不过是一个老宫女,有什么好处呢?由此也可见谢道清不具有足以得宠的花容月貌。虽然谢道清凭借杨太后的恩遇做了皇后,却并不能得到理宗皇帝的喜欢。宋理宗先是宠幸他心中的皇后人选贾贵妃,后来又宠爱阎贵妃,对谢道清则是敬而远之,不闻不问。谢道清自知容貌不佳,因此也并不将无宠之事放在心上,而是淡泊宁静,宽容大度,以不变应万变。久而久之,宋理宗对她逐渐生出了敬重之意,她在皇后之位上就这样一直坐到了理宗驾崩。

无子是谢道清的第三重悲剧。有一些后妃虽然不受皇帝宠爱,却能够幸运地因为一夜之欢而诞下龙种,比如汉文帝的母亲薄太后,再比如汉成帝的母亲王太后。谢道清则是既无宠又无子,可谓不幸中的不幸。她老公理宗皇帝也是个倒霉蛋,坐拥后宫三千佳丽,四十余年竟然没有完成传宗接代的历史重任,最终不得不把又残疾又有些智障的侄子推上太子之位。理宗死后,这个残障太子就登基做了皇帝,历史上称为宋度宗,谢道清顺理成章被尊为谢太后。宋度宗在治理国家上无能至极,只知道宠信奸臣贾似道,在祸乱后宫上却本领超强,一夜宠幸三十个女子,让"春夏秋冬四夫人"代批公文就是明证。和这样的并非亲生的昏君儿子共事,皇太后谢道清多么累心多么痛心可想而知。

谢道清的第四重悲剧是老年丧夫。宋理宗驾崩时,谢道清五十四岁,虽然谢道清没有得到过理宗的宠爱,但皇帝老公的去世对她无疑是个重大的打击。

谢道清的第五重悲剧是朝廷离心。荒淫的宋度宗做了十年皇帝后死掉了,谢道清应众大臣的请求开始垂帘听政以辅佐年幼的宋恭帝,这时候历史已经进入了1274年。面对饮马长江的元军,南宋朝廷乱作一团,不少臣子匿名逃离都城临安,宰相们却依然自顾自地争权夺利,党同伐异。为了挽狂澜于既倒,年过花甲的谢道清又是张榜训导朝臣,又是写信请求救兵,可还是阻挡不住朝臣的逃跑和元军的逼近。元军攻破常州后,谢道清先是遣使求和,被拒后应群臣请求准备迁都,最终因为当日宰相缺席而作罢。

国破家亡是谢道清的第六重悲剧。既然求和被拒,迁都流产,而勤王的救兵又迟迟没有来到,那谢道清和她的小皇帝就只能等待着蒙古铁蹄兵临城下了。为了让临安百姓免于战乱苦难,谢道清在元军发起进攻之前,派使臣将降表呈献给城外的元世祖忽必烈,延续了三百多年的大宋政权至此正式落下了沉重的帷幕。在此之前,谢道清秘密安排一些大臣带兵保护益王赵昰、广王赵昺等部分皇族撤离临安,这才有了后来张世杰、陆秀夫等人在闽粤地区可歌可泣、气贯长虹的抗元斗争。

谢道清的第七重悲剧是客死异乡。南宋灭亡后,太皇太后谢道清和宋恭帝被迫离开临安北上,在蒙古兵的押送下来到几千里外的元大都,开始了看不到尽头的囚徒生活。三年后,崖山海战大宋水师全军倾覆,南宋彻底灭亡;又四年后,坚贞不屈,誓不降元的大宋宰相文天祥于柴市口英勇就义。年过古稀的谢道清在经历了这一个个沉重打击后含恨辞世,离去时眼望江南,泪如泉涌,永不瞑目……

这一次大雁传书难道是真的

清代史学大家赵翼在《廿四史札记》的"郝经昔班帖木儿"一节中写下了下面这段文字：

> 奇闻骇见之事，流传已久，在古未必真，而后人仿之，竟有实有其事者。
>
> 苏武雁书，事本乌有，特常惠教汉使者，谓"天子射上林，得武系帛书于雁足"，使匈奴不得匿武耳。而元时郝经使宋，被拘于真州，日久，买一雁，题帛书系其足，放去。汴中民射雁金明池，得之以进世祖，其诗云："霜落风高恣所如，归期回首是春初。上林天子援弓缴，穷海累臣有帛书。"后题"至元五年九月一日放，获者弗杀，国信大使郝经书于真州忠勇军营新馆"。后经竟得归国，卒于途。是苏武雁书之事虚，而郝经雁书之事实也。

赵翼认为元朝使臣郝经凭借"大雁传书"获救归国的故事是历

史事实,但从史书记载来看,被拘十六年的郝经能够从南宋返回元朝并非如此神奇而简单。

咱们还是从郝经奉命出使的历史背景说起吧。

1234年,蒙古和南宋联合出兵灭掉了曾经不可一世的金政权,此后,蒙古大汗蒙哥和他的弟弟忽必烈一直想饮马长江,征服南宋。作为忽必烈的汉族谋士,作为一个爱好和平的书生,郝经主张以德而不是以力一统天下,他几次建议忽必烈停止南侵,转而整顿吏治,发展经济,改善民生。但忽必烈必须要和大汗蒙哥一起向长江中游的湖北和重庆发起进攻,因为他既是臣子又是弟弟,而且他自己也不甘心被长江挡住南进的步伐。

令忽必烈痛心而遗憾的是,蒙哥大汗于合州(今重庆市合川区)遇到了劲敌,在没有留下遗嘱的情况下死在了那儿,时值1259年。国不可一日无主,消息传到蒙古都城和林,文武大臣准备拥立蒙哥最小的弟弟阿里不哥继承汗位,这下忽必烈坐不住了,和郝经等人商酌后他决定挥师北归争夺汗位。

正在这个时候,南宋大军一号人物贾似道偷偷派人前来求和,表示愿意称臣,岁奉银二十万两、绢二十万匹,忽必烈正好就坡下驴,同意退军,于是双方签订合约,忽必烈带兵北上回到燕京。

贾似道是个奸诈狡猾、出尔反尔的小人,他竟然趁着忽必烈撤兵的机会向落在后面的蒙古兵发起了进攻,并且将其夸大为"空前绝后"的战功向皇帝报捷,却丝毫未提求和的事。昏庸的宋理宗竟然信以为真,让贾似道上位成了势倾朝野的权相。

再说北归夺位的忽必烈。

忽必烈主张汉化,阿里不哥反对汉化,他们之间本来就有矛盾,面对汗位的诱惑,兄弟矛盾急剧恶化,一场延续四年的蒙古内战终于在1260年爆发了。

1260年,忽必烈于开平(在今内蒙古正蓝旗境内)称帝,公开和和林政权对抗。为了保证南宋不会从后方发起进攻,也为了获得贾似道许诺的银二十万两、绢二十万匹作为军资,忽必烈派遣翰林大学士郝经一行数十人出使南宋。

郝经率领的蒙古使团还没进入南宋境内,有一个人已经吓得心神不定,寝食不安,谁呢?奸相贾似道。贾似道当初向忽必烈求和只是权宜之计,所以他才会趁乱打劫,虚报战功,所以他回朝后根本没向宋理宗奏报求和赔款的相关事宜。现在人家忽必烈派遣使节前来要银子、要绸缎、要大宋皇帝称臣接旨了,他该怎么办呢?如果让皇帝知道了真相那可是要杀头抄家的呀!贾似道想来想去,终于有了一个瞒天过海的歹毒计策。郝经一行渡过长江没走多远,就被贾似道秘密派来的人马劫持了,随后被带到真州(今江苏仪征)的一个隐蔽场所羁押起来,从此失去了人身自由。

苏武被困匈奴十八年,郝经被困真州的时间也足足有十六年,几乎是和贾似道专权时代相始终的。虽然郝经的生活条件比苏武要好一些,但他的活动范围只局限在一个狭小的院落之内,实际上是坐了十六年的牢。在这十六年内,郝经和苏武一样经历了"富贵不能淫,威武不能屈,贫贱不能移"的艰苦考验,最终凭借着敌人必败的坚定信念坚持到了自由的到来。关于郝经归国,《元史》是这样记载的:"又九年,丞相伯颜奉诏南伐,帝遣礼部尚书中都海牙及经弟行枢密院都事郝庸入宋,问执行人之罪,宋惧,遣总管段佑以礼送经归。贾似道之谋既泄,寻亦窜死。"

郝经大雁传书的故事在《元史》中确实可以看到,但它是在郝经的人生经历之后出现的,具体文字如下:"经还之岁,汴中民射雁金明池,得系帛,书诗云:'霜落风高恣所如,归期回首是春初。上林天子援弓缴,穷海累臣有帛书。'后题曰:'至元五年九月一日放,获者勿杀,国信大使郝经书于真州忠勇军营新馆。'"从此段文字的位置来看,《元史》作者很明显是将此事作为传说来对待的,而追慕忠义的赵翼却想当然地把传说当成了史实,并且发出了本文开头的感慨:"奇闻骇见之事,流传已久,在古未必真,而后人仿之,竟有实有其事者。"另外,上文故事中大雁传书的时间也是有问题的,如果郝经不知道忽必烈改元,他应该写"中统十五年……",如果他清楚改元之事,那么应该写"至元十一年",无论如何也不会出现"至元五年"这四个字。

既然情况并不像赵翼断定的那样,"是苏武雁书之事虚,而郝经雁书之事实也",那么,忽必烈是怎样得知郝经被困的呢?

笔者以为,忽必烈在1274年遣使质问南宋朝廷郝经使团下落时应该并不清楚郝经等人发生了什么事情,他这么做其实是别有目的的。

按理说,忽必烈早就该追寻郝经一行的下落了,但他却好像完全忘记了曾经派出这样一队使节一样,对他们的"人间蒸发"并没有过多关注,为什么呢?因为十几年内他一直在忙于争夺皇位,稳定局势,修建新都,改国号立新制(1271年,忽必烈把国号由蒙古改为元),而南宋也并没有趁火打劫,背后插刀。

1274年,大元朝的一切事务都走上了正轨,忽必烈又兴起了大征讨的想法,卧榻之旁的南宋当然是首选的进攻目标。和无端侵略相比,师出有名自然会让战争的发起者占据更大的优势,于是,忽必烈又想起了十五年没有音信的郝经使团,并打算借此事向南宋发难。出乎忽必烈意料的是,他一派使质问,还真把郝经的下落给问出来了,这才有了郝经脱困归国的故事,然后才有了郝经大雁传书的传说。

元末明初

神机妙算不如拨拉算盘

在人们的印象中,每个成功的帝王背后都有一个足智多谋、对他的开国事业至关重要的智囊型人物,如刘邦的张良,刘备的诸葛亮,唐太宗的徐茂公,朱元璋的刘伯温。但实际上,对于帝王的成功来说,最重要的并不是神机妙算的谋士,而是和拨拉算盘关系密切的后勤大总管。

楚霸王项羽兵败垓下,乌江自刎后,汉高祖刘邦在都城长安对他的部属论功行赏,出乎意料的是,被他列在功臣名单第一位的既不是运筹帷幄之中、决胜千里之外的张良,也不是攻城略地、战功累累的名将,却是筹粮草、抚百姓的萧何,而且刘邦在驳斥自恃功高的武将们时还把他们称为"功狗",将萧何尊为"功人"。

说到朱元璋,人们立刻会想起上知五百年,下知五百年,能掐会算,和大明三百年基业密切相关的刘伯温,但是,朱元璋在推翻元朝建立大明后封赏功臣时,刘伯温却只得了一个三等爵位——诚意伯。当时名列一等爵位的有六个人,分别是魏国公徐达、鄂国公常遇春、韩国公李善长、曹国公李文忠、宋国公冯胜和卫国公邓愈。

徐达、常遇春等人都是能征善战、威震天下的名将，手无缚鸡之力的李善长凭什么能与之并驾齐驱，同在国公之列呢？和萧何一样，他凭借的是为前线筹粮送兵做好后勤服务的能力。

最为大家熟悉的神机妙算型人物诸葛亮能够赢得刘备的欣赏和信任，在很大程度上也得益于他搞后勤的能力。其一，赤壁之战后，诸葛亮并没有像小说中写的那样和周瑜比斗智谋，而是在零陵、桂阳、长沙三郡负责调整赋税，充实军资；其二，刘备进军西川时，在其身边出谋划策的是庞统，而诸葛亮负责在荆州为刘备做后勤保障；其三，刘备攻打汉中时，随其前往的谋主是法正，诸葛亮仍然负责在后方为前线供应粮草物资；其四，《三国志》的作者陈寿明确指出应变将略非诸葛亮之所长。

中国历史上最著名的三个军师的经历充分证明了神机妙算不如拨拉算盘，这其实正验证了近代的一句军事名言——打仗就是打后勤。

陈友谅究竟是"蛋"还是"鸡"

几千年以来,究竟是先有鸡还是先有蛋这个难题一直在困扰着古今中外的人们,而元朝末年的起义领袖陈友谅却无意中被卷入了一个与此类似的问题。

说陈友谅之前,要先聊聊赤壁之战中的曹操。

按照《三国演义》的描写,曹操之所以在赤壁战船被烧,损兵折将,大败而归,是因为——其一,北方士兵不服南方水土,多有染疾病故者;其二,接受庞统建议,用铁索把所有战船连接起来;其三,中了周瑜和黄盖的苦肉计,相信了黄盖的诈降;其四,诸葛亮踏罡步斗借来了火烧战船的东南风。实际上,除了第一条,另外三个原因和历史记载都是有出入的,在此咱们专门谈论第二条。

关于曹操铁索连战船,《三国演义》第四十七回下半回"庞统巧授连环计"中是这样描述的:以大船小船各皆配搭,或三十为一排,或五十为一排,首尾用铁环连锁,上铺阔板……人可渡,马亦可走……任它风浪潮水上下。众所周知,《三国演义》是一部七分实三分虚的文学作品,那么,曹操的铁索连环战船阵是史实还是虚构呢？

先看一下《三国志》中的相关记载。陈寿写《魏书·武帝纪》时为尊者讳，对于赤壁之战语焉不详，而且只提刘备不言周瑜，具体文字如下："公至赤壁，与备战，不利。于是大疫，吏士多死者，乃引军还。"但是在《吴书·周瑜传》中，我们可以看到赤壁之战的全景画图：

> 权遂遣瑜及程普等与备并力逆曹公，遇于赤壁。时曹公军众已有疾病，初一交战，公军败退，引次江北。瑜等在南岸。瑜部将黄盖曰："今寇众我寡，难与持久。然观操军船舰，首尾相接，可烧而走也。"乃取蒙冲斗舰数十艘，实以薪草，膏油灌其中，裹以帷幕，上建牙旗，先书报曹公，欺以欲降。又豫备走舸，各系大船后，因引次俱前。曹公军吏士皆延颈观望，指言盖降。盖放诸船，同时发火。时风盛猛，悉延烧岸上营落。顷之，烟炎张天，人马烧溺死者甚众，军遂败退，还保南郡。

大家需要注意的是老将黄盖的那两句话——"今寇众我寡，难与持久。然观操军船舰，首尾相接，可烧而走也。"此处的"首尾相接"可以有两种很不相同的理解，大家先入为主的是罗贯中先生的看法——用连环铁索把战船依次连接起来，人马可以自由来往；但也可以有另外一种解释——"首尾相接"只是说曹军战船数量众多，一艘接着一艘，并无战船之间用铁索相连之意。另外，从"观"字来看，"首尾相接"应该是黄盖远望曹操大军战船得来的印象，如果黄盖能隔着长江看到曹军战船间的铁索，那他的眼睛简直就是望远镜了。

相比之下，陈友谅铁索连战船更为可信，因为《明史·陈友谅传》有着非常明确的记载：

> 友谅忿疆土日蹙，乃大治楼船数百艘，皆高数丈，饰以丹漆，每船三重，置走马棚，上下人语声不相闻，舻箱皆裹以铁。载家属百官，尽锐攻南昌，飞梯冲车，百道并进。太祖从子文正及邓愈坚守，三月不能下，太祖自将救之。友谅闻太祖至，撤围，东出鄱阳湖，遇于康郎山。友谅集巨舰，连锁为阵，太祖兵不能仰攻，连战三日，几殆。已，东北风起，乃纵火焚友谅舟，其弟友仁等皆烧死。友仁号五王，眇一目，有勇略，既死，友谅气沮。是战也，太祖舟虽小，然轻驶，友谅军俱艨艟巨舰，不利进退，以是败。

这段文字中的康郎山之战简直就是《三国演义》中赤壁之战的重演，只不过周瑜变成了朱元璋，曹操变成了陈友谅；决战水域东移五百里，从长江变成了鄱阳湖；助火烧船的风由东南风变成了东北风。

这就引出了开头提到的那个问题：是先有了曹操铁索连战船后才有了陈友谅照葫芦画瓢呢，还是先有了陈友谅铁索连战船后才有了《三国演义》中庞统向曹操巧授连环计的描写呢？要知道，罗贯中老先生就生活在陈友谅叱咤风云的那个时代呀！

科学家们经过多年的研究，现在倾向于先有"鸡"后有"蛋"，而陈友谅和曹操之间的问题相对来说并没有那么复杂。

陈友谅乃是一代枭雄，身边也是谋士如云、猛将林立，如果历史上曹操因为铁索连战船导致赤壁大败，那么陈友谅不会傻傻地步曹操的后尘。所以，这个问题的真相只能是这样的：陈友谅独出心裁地整出了铁索连战船的"伟大"构想，结果在康郎山之战中被朱元璋烧得舰队成灰，全军覆没，一败涂地，同时代的小说家罗贯中从此事得到创作灵感，在《三国演义》中将其搬演到了曹操身上，于是才有了"庞统巧授连环计""宴长江曹操赋诗""锁战船北军用武"的经典戏。

洛阳桥上说花云

梅兰芳是名满天下的京剧大师,而在豫剧界则有一位大师被称为"河南梅兰芳",她就是被尊为"舞台上的一尊美神",位居六大名旦之首的"豫剧皇后"陈素真。

《洛阳桥》是陈素真大师最著名的代表作,讲述了这样一个爱情故事:元朝末年的一个春天,洛阳侯耶律寿的妹妹耶律含嫣悄悄带着丫鬟郊外踏青,在洛阳桥畔巧遇猎人花云一箭射下空中双雕。耶律含嫣对英俊勇武的花云一见钟情,从此思念不已。耶律寿外出寻乐时遇到一个美貌的采桑女,为了将其强纳为妾,勾结官府害死其夫,采桑女走投无路,投河自尽,被花云母子救起。芳心难耐的耶律含嫣再次出府到洛阳桥寻找花云,终于见到了日思夜想的心上人,但花云却因她是耶律寿之妹而含怒离去。耶律含嫣悲痛不已,回到府中后悒郁成疾。花母知道含嫣是个好女子,就以卖野味为名进入侯府,并与含嫣定下一条妙计。耶律寿纳妾之日,花母和众乡邻把装扮成新娘子的花云送入侯府,最后,耶律寿被花云痛打一顿,耶律含嫣和花云结成美好姻缘。

虽然《洛阳桥》中的爱情故事应属虚构，但花云在历史上是确有其人的，而且是一个充满传奇色彩的大英雄，甚至他身边的一个侍女都有值得大书特书的传奇经历，很可能花云被后人写进《洛阳桥》就和这个侍女有着一定关系。

花云是濠州怀远县（今安徽省怀远县）人，生于元朝后期的1321年，比朱元璋年长七岁。

花云是于元顺帝至正十三年（1353年），身佩宝剑来到朱元璋身边的，朱元璋一见到这个高大威武、黝黑结实的淮西汉子，本能地感到这是一个可造之材，而花云此后的表现则充分证明朱元璋有着一双善于识人的慧眼。

朱元璋少年时的伙伴徐达，郭兴、郭英兄弟等人也是这一年在花云的引领下投入红巾军的，他们都是朱元璋最为信赖的淮西二十四将中的骨干力量。

1354年正月初一，朱元璋带领花云等人南下，先后攻克了定远、滁州等地，在滁州一战中，花云一举成名。

滁州南据长江，东控京杭大运河，自古有"金陵锁钥、江淮保障"之称，乃兵家必争之地。朱元璋率兵向滁州进军时，突然遇到了大队伏兵，在这生死攸关的危急时刻，花云率领骑兵像雄鹰的翅膀一样紧紧护卫在朱元璋身边，最终打退了敌人的进攻。在战斗的进程中，花云跃马挥剑，左冲右突，势不可当，吓得敌兵大呼："此黑将军勇甚，不可当其锋（这个黑脸将军勇猛得不得了，千万不要阻挡他的势头）！"

朱元璋率军跨过长江，占据太平（今安徽省当涂县）后，花云以其忠勇升任总管，并且担负起了向东开疆拓土的重任，先后攻克了镇江、丹阳、丹徒、金坛等江南重镇。马驮沙一战中，花云领兵和几百名凶悍盗匪展开激战，面对数量明显优于己方的敌人他采用边打边走的移动战术，在三天内即让敌人品尝了全军覆灭的苦果。

为了防备对手陈友谅的突然袭击，朱元璋回过头来在太平设立了行枢密院，花云被任命为枢密使。

1360年夏，占据长江中游一带的陈友谅向朱元璋的领地发起了进攻，他亲自率领着数十艘艨艟巨舰，成千上万的军队，从上游的安庆出发，浩浩荡荡地向下游的太平城驶来。

当时的太平城内只有三千守军，和敌军相比明显处于弱势，但花云毫不气馁。他一方面加固城墙，拓宽城壕，积极备战；一方面派人向南京的朱元璋请求援救。凭借花云的身先士卒和有力指挥，太平守军打退了敌兵的一次次进攻，双方的激战一直持续了三天三夜。虽然占据兵力优势的陈友谅在花云面前没有占到什么便宜，但完全没有撤退的打算，而是不停地派兵增援，太平城内的守军却面临着弹尽粮绝，孤立无援的绝望处境。

就在双方艰难对峙的时节，老天爷竟然无意中帮了陈友谅的忙。当时正是江南的梅雨季，上游的降雨导致太平城附近江面急剧上涨，于是，水面越涨越高，舰船越升越高，结果陈友谅军的艨艟巨舰几乎和太平城的城墙持平了。在这种情况下，攻城变得越来越容易，守城则变得越来越困难，再加上城内粮食匮乏，花云和他指挥的守城将士已经饿得精疲力竭,难以为继。最后,太平城被陈友谅的军队攻陷了。花云在城头上拼死杀敌,直杀得浑身染血,大刀卷刃,但已是英雄式微,无力回天……

当被敌兵绑缚着推到高高在上的陈友谅面前时,花云心中的悲愤达到了极点,他用尽全身的力气对天大吼,挣断了绑他的绳子,并且趁机夺下押解者的钢刀,砍翻了周围的五六个人。花云一边奋力砍杀一边厉声怒斥:"贼非吾主敌,盍趣降(你们这帮贼人根本不是我家主公的对手,为什么还不赶快投降)!"陈友谅闻之怒不可遏,几近疯狂,在他的命令下,侍卫们一拥而上,将花云绑在了桅杆之上,随后,陈友谅下令用箭射死花云,花云"骂贼不少变,至死声犹壮"。

太平城即将失陷时,花云的妻子郜氏领着三岁的儿子前往家庙祭告祖先,随后她眼含热泪,冷静而坚定地对身边的家人说:"一旦城被攻破,我丈夫必死无疑。我坚守道义决不独自活在世上,但是不能让花家断了后代,你们好好抚养他长大吧。"当花云被害的噩耗传来时,郜氏"揽裙脱丝履,举身赴清池",从容跟随丈夫而去……

郜氏的贴身侍女孙氏是个忠诚机智、勇敢坚强的女子,她抱着花云和郜氏的儿子趁乱逃出了太平城,不幸的是,她在路上遭遇了劫匪,被掳掠到九江一带。孙氏凭借着过人的智慧又一次成功逃脱,她在茫茫夜色中找到江边的一户渔民,以簪子、耳环作为回报委托那户人家抚养花云遗孤。

陈友谅被朱元璋打败后,得到消息的孙氏寻找时机把孩子从那户渔民家偷偷抱出,然后乘船奔往朱元璋所在的南京城,却又遇上了陈友谅手下一支溃败西逃的军队。这支溃军打仗不行,欺侮老百姓却出奇地残暴,他们不但抢走船只,还把包括孙氏和孩子在内的船上百姓抛入了滚滚长江……

孙氏背上背着孩子,怀里紧紧抱着一根断木在江面上随波逐流,漂来漂去,最终幸运地进入了江边的一片芦苇荡,从而脱离了时刻濒临死亡的危险处境。孙氏带着孩子一步一步地穿过芦苇荡向岸边靠近,饿了就吃荡里荷花结的莲子,这对不是母子、胜似母子的可怜人用了七天七夜的时间才走到了岸边。

一年后,孙氏终于抱着大英雄花云的儿子来到了朱元璋面前,听着孙氏泣不成声的讲述,朱元璋这个铁石男儿也禁不住流下了眼泪,他把孩子抱到怀里,深情地说:"这是大将的后代根啊!"并且亲自给孩子起名叫花炜。作为英烈后人,花炜后来的仕途很顺利,做到了都指挥佥事的三品武官。

后人之所以为花云编写出那么儿女情长、精彩动人的爱情故事,应该和他有一个以身殉情的妻子郜氏,还有一个重情重义的侍女息息相关。

朱元璋为什么放弃了吴朝

刘邦建立的王朝为什么叫汉朝,因为他当年曾经被封为汉王,并最终以此身份登上帝位。

司马炎建立的王朝为什么叫晋朝,因为他当年继承其父爵位成为晋王,并最终以此身份登上帝位。

杨坚建立的王朝为什么叫隋朝,因为他当年继承父亲爵位成为隋国公,进而被封为隋王,并最终以此身份登上帝位。

李渊建立的王朝为什么叫唐朝,因为他当年继承父亲爵位成为唐国公,进而被封为唐王,并最终以此身份登上帝位。

赵匡胤建立的王朝为什么叫宋朝,因为他称帝前的职位是归德军节度使兼检校太尉,而归德军驻地在宋州。

依次类推,朱元璋建立的王朝应该叫吴朝,因为他曾经被封为吴国公,进而自立为吴王,并最终以此身份登上帝位。

但是,朱元璋于1368年在应天府(今江苏省南京市)称帝时,放弃了吴朝的名号,而是将国号定为明。他做出如此选择原因何在呢?

1359年，朱元璋已经控制了江东、浙西的广大地域，即现在的安徽南部、江西东北部、浙江西部和江苏西南部，这些地方历史上都属于吴地的范围，因此，朱元璋在这一年被他所属的小明王政权封为吴国公。

此后，朱元璋继续执行谋士朱升提出的"高筑墙，广积粮，缓称王"策略，韬光养晦，增强实力。

1363年，朱元璋在鄱阳湖大战中打败他的最强对手陈友谅，攻占了江西大部和湖北东南部，统治地域和军事实力都已今非昔比。第二年，朱元璋自立为吴王，大封文武群臣，建立起了一个独立的小朝廷。

有趣的是，就在上一年，即1363年，朱元璋东面的割据者张士诚已经自立为吴王了，张士诚当时占据着江苏大部和浙江东北部，这些地方历史上也属吴地，所以他选择了"吴"作为国号。

为了区分朱元璋的吴王国和张士诚的吴王国，人们将张士诚的政权称为东吴，将朱元璋的政权称为西吴。

当年张士诚自称吴王的消息传到朱元璋耳中时，老朱肯定恨得牙根痒——我朱元璋是名正言顺的吴国公，你张士诚凭什么在我隔壁称吴王呀？吃了我的早晚得给我吐出来，等我灭掉了陈友谅的汉国再来收拾你这个假吴国，到时候你才知道太岁头上动土会有什么结果！

当时，除了大都的元政权外，还有小明王韩林儿的宋、陈友谅儿子陈理的汉、张士诚的吴、明玉珍的夏和把匝剌瓦尔密的梁。执行"缓称王"策略的朱元璋，彼时名义上是小明王手下的吴国公，对张士诚自称吴王虽然万分痛恨，却也无可奈何，只能把仇恨暂且压在肚子里。

1364年，朱元璋派出的大军包围了新汉王陈理占据的武昌城，陈理打着白旗出城投降，汉国寿终正寝；第二年，朱元璋派廖永忠恭迎小明王韩林儿进入应天，却暗中命令前者将后者沉于瓜步江中，韩宋政权至此尘埃落定；1367年，朱元璋攻破张士诚的都城平江（今江苏省苏州市），东吴政权土崩瓦解。

小明王韩林儿死后，朱元璋于第二年（即1367年）开始时放弃了韩林儿的龙凤年号，但他并没有宣布新年号，而是将这一年称为"吴元年"，即吴政权的第一年，而实际上他已经做了三年的吴王了。这是一个非常奇怪又相当有趣的现象，好像暗示着朱元璋已经为正式改元建立新朝做好了准备。

端掉张士诚的东吴国之后，朱元璋就国号和年号陷入了沉思——当初和张士诚一样选择吴作为国号，是为了发扬光大吴国公这个爵位，更是为了"佛争一炷香，人争一口气"，而今张士诚的东吴政权已经垮台，还有必要守着到死仍是个孩子的韩林儿封给我的这个吴字不放吗？再者，韩林儿背后的韩宋政权也不是一个正统政权呀！

朱元璋思考的结果是放弃旧国号吴，选择一个新国号，他最终将国号定为明，从某种程度上来看是为了对惨死的韩林儿表示歉意……

明朝第一诗人之死

《红楼梦》中的《终身误》一曲有这样两句非常唯美的唱词:"空对着山中高士晶莹雪,终不忘世外仙姝寂寞林",读之令人如沐仙泉,如入仙境。其实,这并非曹雪芹百分百的原创,而是脱胎于明朝诗人、"明初四杰"之首高启笔下赞美梅花的"雪满山中高士卧,月明林下美人来"。高启在中国文学史上可能算不上大诗人,但对于明朝来说,却绝对是一等一的大诗人,而且堪称"明朝第一诗人",清代大学者纪晓岚就曾经在《四库全书总目提要》中赞誉高启"天才高逸,实据明一代诗人之上"。

然而,不幸的是,高启之死在明朝乃至中国诗人中,也是最惨烈的。

高启出生于元朝末年的江苏苏州,当时叫平江路长洲县,从小父母双亡,寄人篱下,却聪明伶俐,才思敏捷,过目成诵,经久不忘,是远近闻名的神童。元末农民大起义爆发后,长洲县成了造反派吴王张士诚的地盘,由他手下的大臣饶介直接管理。饶介是当时的大文人、大书法家,特别重视文艺方面的人才。在他的盛情邀请下,高启在十六岁时进入饶府做了幕僚。但是,生性高洁傲然的高启厌恶官场做派,几年后就借故离开,到吴淞江畔的青丘隐居起来了。

1368年,朱元璋在如今的南京称帝,大明朝正式开张营业。朱元璋虽然小时候因为穷没上过几天学,却是一个求知若渴的人,在打江山的业余时间里竟然凭借自学达到了能够识文断字、吟诗作文的水平。和很多皇帝一样,朱元璋也喜欢让读书人,特别是知名文人,给他捧捧场、壮壮脸,以便使他的新王朝显得有知识、有文化,于是就向当时的著名文人们发出了参政议政的邀请函,大诗人高启自然在被邀请之列。

高启以为新朝会有一番新气象,就接受朝廷征召来到了南京,任翰林院编修,参修《元史》,同时负责"教授诸王",也就是给朱元璋的儿子们做家教。

1370年的一天,朱元璋到翰林院视察,给参修《元史》的编修官们提了几个问题,高启的回答碰巧令朱元璋非常满意。皇帝一高兴,后果也很严重,朱元璋决定提拔高启担任户部右侍郎,也就是现在的财政部副部长。要是换了那些权欲熏心的家伙,得到皇帝这样的眷顾,肯定早就一面山呼"万岁万岁万万岁",一面把脑袋磕得血肉模糊了。但是,高启是个散淡闲适惯了的人,编编史书、教教学生,他还可以接受,如果让他整天忙于看报告、写批示,围着尚书和皇帝转,他就有些受不了了。所以,他委婉地谢绝了皇帝,理由是"年少不敢当重任"。

朱元璋是一个极端而决绝的皇帝,他见高启不领他的知遇之情,不由得"怒从心头起,恶向胆边生",暗暗发起狠来——见过不要脸的龌龊小人,没见过给脸不要脸的!既然不愿意做我封给你的新官,干脆连旧官也别做了,回老家陪老婆孩子去吧!

于是,高启被"赐金放还"。

但我们不要指望朱元璋会像唐明皇打发李白出京那样慷慨大方,出手阔绰,一则百废待兴的明初不是繁华富庶的盛唐,二则贫农出身的朱元璋不是那样的性格。从高启回乡后凭"教书治田自给"来看,朱皇帝的赐金应该少之又少,甚至可能只是一种说法而已。

高启当然不会在乎朱皇帝的赐金,他在乎的是终于逃离了和元末官场大同小异、污浊不堪的新朝官场,终于恢复了"雪满山中高士卧,月明林下美人来"的隐居生活。

然而,朱皇帝不肯如此轻易地放过高诗人。

高启回乡隐居的第三年,他在翰林院时的朋友魏观来到苏州做知府。魏观是文学发烧友,是高启的超级粉丝,他经常邀请高启到府中谈诗论文、饮酒做客。高启难以拒绝老朋友的盛情,又一次走进了官场的边缘地带,然而,就是这一次"失足"把他送上了惨绝人寰的死亡之路。

张士诚当年建都苏州时,将苏州府衙扩建成了他的王宫,把苏州府的办公地点迁到了都水行司。魏观觉得都水行司一带地势低洼狭窄,容易被洪水淹没,就将苏州府衙迁回原址,也就是已经荒废了的张士诚的王宫,并且对相关屋宇设施进行了整修翻新。

平常人家给新盖的房子上梁时都会举行一个像模像样的仪式,

苏州府衙的上梁典礼当然更要热热闹闹、风风光光了。为了让这次活动更有意义,魏观特意请高启撰写一篇文章纪念此事,高启推辞不过,就挥笔写成了文采飞扬、气魄雄浑的《郡治上梁文》。不幸的是,正是这篇鸿文最终夺走了高启才华横溢的宝贵生命。

魏观是个为百姓办事,受民众爱戴的好官,他在苏州取得的政绩引起了皇帝朱元璋的注意,这一注意不要紧,他将府衙迁到张士诚故宫的事儿进入了朱皇帝的视野。

朱皇帝对魏知府开始不放心起来,就派张御史到苏州来视察工作。

张御史知道这次苏州之行必须要有所收获,否则他就不能向疑心特重的皇帝交差。可是,鸡蛋里头挑骨头也不是件容易的事呀,张御史在视察时瞪大了眼睛仔细观瞧,还是没有找到什么可以弹劾魏观的证据。

魏观陪同张御史品读刻在石碑上的《郡治上梁文》时,张御史的双眼忽然像发现了新大陆一般放射出了万道光芒。原来,文中的"龙盘虎踞"四个字引起了他暗地里的特别注意——魏观和高启这两个家伙,竟然把张士诚的伪王宫称为龙盘虎踞之地,你们置当今圣上于何处呀?

听到张御史的报告,朱元璋勃然大怒,怒不可遏,而且又想起了当初高启拒绝他的任命那件事。朱元璋因为出身贫寒没有念过几天书,面对博学多才的文人学士时心底里有着深深的自卑感,一旦哪个文人不小心触犯了他,他的自卑感就会迅速变成疯狂以至于变态的报复欲。高启拒绝就任户部右侍郎时已经从鬼门关侥幸逃过了一命，这次恐怕是在劫难逃了。

报复欲让朱元璋最终完全认同了张御史的解读——张士诚是我最痛恨的敌人，可你高启竟然说他的老窝是"龙盘虎踞之地"，你拿我大明皇帝算什么？既然你不把我放在眼里，就别怪我朱某人让你死得难看，死得不痛快，死得惨绝人寰！朱元璋心意既决，立即下旨将魏观和高启押解进京，关进深牢大狱。

朱元璋御定的案子没有人敢站出来说"不"，很快，在朱皇帝的授意下，高启被判处腰斩。

腰斩就是将犯人从腰部砍为两段，是仅次于磔刑的残酷刑罚。

行刑那天，高启被腰斩后并没有立即死去，他伏在地上以半截身子的力量，用手蘸着自己的鲜血，一连写了三个鲜红而刺眼的"惨"字，无声而惊心地控诉着朱元璋残忍恶毒的暴君行径。据有关史料记载，当时朱元璋就在现场监刑。

朱元璋对于有才学却不肯任他驱使的文人从来都不吝于暗下杀手，和高启同为"明初四杰"的另外三位著名诗人杨基、张羽、徐贲也先后遭到朱皇帝黑手，无一幸免于难——杨基被莫名其妙地罚作苦工，最后死在工所；徐贲因犒劳军队不及时，被下狱迫害致死；张羽糊里糊涂地被绑起来扔到长江喂了鱼，尸骨无存。由此可见，在独裁专制、毫无民主可言的封建时代，一个身在官场的知识分子要想保持人格独立是一件多么艰难的事情。

"天下第一大案"的真相

之所以将郭桓案称为"天下第一大案",是因为此案涉案数额之巨、涉及范围之广、涉案人数之多、造成影响之大均堪称天下第一。虽然这个"天下第一大案"早已盖棺论定,但其中还是存在一些扑朔迷离需要你我共同探讨的地方。

冰山初显

事情的发生是这样的。

1385年,也就是明太祖朱元璋洪武十八年,国家监察部余敏、丁廷举两位部长(御史)起诉财政部副部长(户部侍郎)郭桓勾结北平省政府(当时称为布政司)官员赵全德贪污国税、盗卖官粮。起诉书上列出了郭桓的五条大罪:

第一条,郭桓等人勾结地方官员私分了应天、镇江等五府(州)的税收和秋粮。

第二条,郭桓等人收受地方官员五十万贯贿赂,任其私分浙西地区秋粮一百九十万石。

第三条，以郭桓为首的贪官污吏在征收皇粮国税时，巧立名目，扰民害民，收取的费用五花八门，多如牛毛。比如车脚钱、水脚钱、口食钱、库子（即仓库保管员）钱、蒲篓钱、竹篓钱、沿江神佛钱。

第四条，郭桓等人收受应天、镇江等五府（州）富户徐添庆等人的贿赂，私自免除他们的马草（战马所需的草料），将负担转嫁给已经交纳马草的安庆百姓。

第五条，以郭桓为首的贪官污吏往粮食豆类里掺水增加斤两，导致大量官粮腐烂变质。事情败露之后，他们将成千上万石被毁官粮埋入地下以销赃灭证。

郭桓等人几年之内连贪污带盗卖再加上掺水毁掉的官粮，总共给大明朝造成了两千四百万石粮食的损失，而这相当于当时整个国家一年的收入。结果，出身贫苦农民，深知"民以食为天"的明太祖朱元璋震怒了，他立即成立了以国家检察院检察长（右审刑）吴庸为组长的郭桓案专案组。

一损俱损

郭桓等主犯们的脑袋自然是保不住了，同时，对他们同党的追查在全国范围内展开，朱元璋"铁血皇帝"的气势和手段又一次在历史舞台上淋漓尽致地表现出来。

很明显，朱元璋认为，把官员们拉出来排成一排，用机枪扫射可能有冤枉的，但隔一个毙一个，肯定有漏网之鱼。所以，宁可错杀一千，也绝不可使一人漏网。

在严格的追查之下，朱元璋发现，几乎所有六部的官员都成了郭桓的同犯。其中包括文化部部长（礼部尚书）赵瑁、司法部部长（刑部尚书）王惠迪、国防部副部长（兵部侍郎）王志、建设部副部长（工部侍郎）麦至德等部级高官显贵，下面的臭鱼烂虾小喽啰更是数不胜数。此案过后，一个部里只剩下了寥寥可数的几个人，部长差不多成了光杆司令，这在世界历史上恐怕都是空前绝后的。

中央的官员"近水楼台先得月"，最先倒在了来势迅猛的肃贪飓风之下，地方官员当然最终也难以逃脱皇帝亲手编织的不疏不漏的优质渔网。朱元璋要求以赃款贿银为线一路严查下去，一直追查到最初的行贿者。最终的结果令人震惊，大明帝国所有十二个省政府竟然都有官员涉入郭桓案。朱元璋的愤怒可想而知，一声令下，把涉案的省（布政司）、市（府）、县（州县，当时的州大体相当于县级市）各级官员以及行贿的富户都锁上镣铐，打入死牢，等待他们的是那刑场上刽子手高高举起的血淋淋的鬼头刀。

据《明史·刑法志》记载，在郭桓一案中，从中央六部左、右侍郎以下，直隶和各省的好几万人都牵连在这个案子当中，被关进监狱处死，全国的豪民富户大多数因此破产。

兔死狗烹

郭桓案一起，数万官员人头落地，其中大多数属罪有应得，但也不乏蒙冤而死者。其中，最冤枉的当数最后被推上断头台的这个人，他是谁呢？您是如何也猜不到的，因为这个答案太匪夷所思、太出人意料了。朱元璋在郭桓一案中采取的"铁血政策"在士大夫阶层和富民阶层中引起了极大的不安和不满,当初弹劾郭桓的余敏、丁廷举又上奏章说郭桓居心叵测地胡乱攀扯好人,而审判机关严刑逼供,结果无辜者屈打成招,造成冤案。为了安定人心,平息众怒,朱元璋需要找一只"羊儿"来替他承担罪责,找来找去,这个痛苦而致命的帽子最终戴在了负责此案的国家检察院检察长吴庸头上,于是,吴庸成了最后一个因郭桓案被杀的官员,而且死得极惨,被凌迟(就是民间所说的千刀万剐)处死了。"君要臣死,臣不得不死",吴庸的结局着实让人慨叹,令人深思。之后,朱元璋传下圣旨大赦天下,宣布郭桓案就此结束,以后不再追究。"天下第一大案"至此收场,但是,朱元璋的肃贪风暴并未到此结束。

重典治贪

朱元璋使用重典,是对元朝以来官场松懈腐败恶习的一种有些过度的矫正。朱元璋常说:"吾处乱世,不得不用重典。"为了反腐惩贪,朱元璋规定,凡赃款达到六十两白银以上的,就要将犯罪者枭首、剥皮示众。当时,在县城附近都设有一座土地庙,作为剥皮行刑的场所,称作"皮场庙"。被剥下的案犯人皮中填满杂草,悬挂在官府公堂的座位旁边,以示警诫。后任官吏于此办公,无不触目惊心,肉跳不已。

其实,对于当年必定要死的官员来说,砍头已经是最好的归宿,比砍头更惨的刑罚多得不计其数,朱元璋在研究如何杀人上是颇有天赋的。当时的酷刑,除凌迟处死之外,还有洗刷、铁刷、枭令、称竿、抽肠等死刑,此外,尚有挑筋、刹指、刖足、断手、刑膑、去势等让人生不如死的酷刑。一时间,明初官场简直犹如"活地狱"一般,以致鲁迅在几百年后仍对此大发感慨说:刑罚如此之残酷,令人感到不像是在人间。

对于贪官污吏、劣绅土豪,朱元璋确实是太狠了一些,但他对处于社会底层的老百姓是体恤有加的。在他的肃贪风暴之下,官场风气与元末相比为之一新,"百姓乐业,河清海晏",而且这种局面一直延续到半个世纪后的"仁宣之治"时期。

谁杀死了方孝孺的父亲

1402年,明太祖朱元璋的孙子,建文帝朱允炆被其叔燕王朱棣赶下皇位,不知所终。他的老师,一代名臣,被尊称为"读书种子"的方孝孺因为拒绝给朱棣撰写即位诏书惨遭杀害,并被灭十族(包括传统意义上的九族和他的弟子门生),在中国历史上写下了一个空前绝后的巨大的"惨"字。

殊不知,三十多年前,方孝孺的父亲方克勤从某种意义上说也是死于暴君之手,那时,方孝孺还只是个十岁的孩子。

方克勤在《明史》中是有传的,名在《循吏列传》之中。循吏者,重农宣教、清正廉洁、所居民富、所去见思之地方官吏也。纵观方克勤虽不漫长却波澜壮阔的一生,他完全无愧于"循吏"这个后人赋予的光荣称谓。

如果我们有幸穿越历史时空隧道回到明朝初年的山东济宁府,耳边可能会不时响起这首情真意切、优美动听的歌谣:"孰罢我役,使君之力。孰成我黍,使君之雨。使君勿去,我民父母。"歌中的"使君"不是别人,正是当时的济宁知府方克勤。

方克勤到任第二年的盛夏，济宁城的城墙出现坍塌，守城将领强迫大批老百姓顶着炎炎烈日垒墙修城。彼时正值麦收时节，田中庄稼等待收割，一旦耽误了农时会有很大损失。被驱赶着修筑城墙的百姓们怨声载道，"哭声闻数里"。爱民如子的父母官方克勤看在眼里，急在心上，以至于辗转难眠，废寝忘食。几番斟酌之后，方克勤抱着"民病不救，焉用我为"的精神大胆上书中书省，请求停止筑城，保障农时。时任宰相的胡惟庸也深知"民以食为天"的道理，立刻同意了方克勤所请。当停工的命令传到济宁时，老百姓欢呼雀跃、一片沸腾，纷纷叩头感谢方克勤的救民之恩。

济宁百姓刚刚忙完麦收，老天爷就恰如其时、恰到好处地来了一场甘霖，缓解了绵延多日的旱情，为夏播的进行准备了充足的条件。老百姓把这场及时雨的降临也归功到他们爱戴的方知府身上，到处传扬着方大人以爱民之心感动玉皇大帝的美好故事，由此可见方克勤在济宁府任上的善政是多么深入人心，由此也可见中国老百姓是多么朴实善良，是多么敬爱他们心中的好官。

此后几年内，在方克勤的努力下，济宁每年都五谷丰登，百姓安乐，可谓家家有余粮，一府皆丰足，户籍翻了一番，税赋增加了将近十倍。

在关注农业的同时，方克勤对于教育也非常重视。他在府内各州县设立学舍，聘请学官，广招学子，一时间济宁府学风大盛，各州县学舍都呈现出 1800 年前孔夫子办学授徒时的动人场面。

方克勤不但勤于政事，关爱百姓，而且廉洁正直，两袖清风，因此深受济宁百姓爱戴。令人遗憾的是,这样一个好官后来却被卷入了明初四大案(另外三个大案就是广为人知的胡惟庸案、蓝玉案和经济领域的郭桓案)的空印案,并因此失去了宝贵的生命。

空印案是怎么一回事呢?首先要理清"空印"是个什么概念。根据《中外历史年表》所言,"空印"就是还没填写具体内容就已经盖了印章的违规做法。"空印"的做法虽然不合法度,但自朱元璋建立明朝以来,钱粮审计上一直在沿用此法,未曾修改。之所以如此,原因有二,其一:钱粮,特别是粮,在长途运输过程中肯定会有损耗,如果发运时就填好数据,肯定跟到达京城时的数量有所出入;其二,当时交通远不如现在发达,既没有高铁、飞机,也没有汽车、火车,如果到达京城审计完数量后再返回原地盖章,那会浪费很多时间和人力物力。

可是,朱元璋某次到户部视察时忽然感觉这样做不对头了,他觉得如此运作之下,肯定会有很多公款、公粮进入了私人的腰包。按理说,朱元璋的想法也没有问题,而且也有办法补救,就是把开始发运时和到达京城时的数量都填在文书上以供查验。但是,朱元璋是个对贪官污吏刻骨仇恨以至于心理有些变态的皇帝,他一怒之下发出的是这样的圣旨:与此事有关的部省府州县正职全部处以死刑,副职以下官吏杖一百,充军边疆。

当时正在京城审计钱粮的大小官员们都成了元朝遗留制度的替罪羊,其中可能有罪有应得的贪官污吏,但爱民如子的清官方克勤不幸也名列其中。顺便说一下,因为受小人诬陷,方克勤当时已从济宁府被贬到了浦江县。

大明洪武九年,秋风萧瑟的十月,方克勤在京城遇害,临刑之时,他知己身无过,神色不改。方克勤被害后,其子方孝孺扶柩归乡,将其葬于宁海县东北山中。大学者宋濂深知其冤,亲自为之作铭以表缅怀……

《红楼梦》"宁荣二府"是这样来的？

近些年，安徽省宁国市的文化界人士对《红楼梦》表现出了异乎寻常的浓厚兴趣，他们认为《红楼梦》所描写的风土人情与宁国有惊人的相似，而且曹雪芹家族与宁国有着千丝万缕的联系，并且给出了不少的证据。

笔者在此略举一二。

比如，《红楼梦》中庵比寺多，宁国也是庵比寺多，而且有《红楼梦》中出现的水月庵，另外还有和贾宝玉密不可分的通灵峰；再者，宁国的寺庵环境大都如《红楼梦》里描述的那样："山环水绕，茂林深竹之处，隐隐有座庙宇。"

比如，曹雪芹家族在南京（当时称为江宁）为官的年代，南京是宁国所属安徽省的省会。曹雪芹家族与宁国府、宁国县的人物有着密切的交往——曹雪芹的祖父曹寅与著名文人施闰章、黄山派画家梅清、梅庚兄弟，与天文学家、数学家梅文鼎等著名学者有着密切的交往。施闰章死后，曹寅为其出版《学余堂文集》；梅文鼎死后，曹频奉康熙圣旨为其营造坟墓；宁国民间还发现了曹雪芹祖上使用过的用具。

比如，清乾隆年间进士、最早研究《红楼梦》的学者周春经过长时间的研究论证，在他的红学专著《阅〈红楼梦〉随笔》一文中认定"案靖逆襄壮侯长子恪定侯云翼，幼子宁国府知府云翰，此宁国、荣国之名所由起也"。而据《宁国府志》和《宁国县志》记载，宁国府之名来源于宁国县之名。

宁国市文化人士的看法当然有一定的道理，但是，笔者认为宁荣二府的得名应该和历史上的明朝宁国公主有关。

如前文所言，曹雪芹少年时期生活居住在南京城，而南京城内就曾经有一座宁国府，它的主人乃是明太祖朱元璋和马皇后的次女宁国公主。

宁国公主生于1364年，1378年下嫁汝南侯梅思祖从子梅殷，1434年卒，享年七十一岁（虚岁）。

当笔者查阅梅殷的历史资料时，惊喜地发现了这样的内容：梅殷，字伯殷，汝南侯梅思祖从子，中国明朝开国君主朱元璋的女婿。天性恭谨，能骑马射箭，洪武十一年（1378年）娶朱元璋的次女宁国公主，封荣国公，任山东学政。

宁国公主的丈夫梅殷恰好被封为荣国公，而他们夫妻又曾长期在曹雪芹念念不忘的江宁（后改称南京）居住，那么，曹雪芹之《红楼梦》中的宁荣二府应该和梅殷夫妇有着密切的关系。

咱们不妨将梅殷的人生经历继续看下去——

朱元璋尤爱殷，临死前嘱之："汝老成忠信，可托幼主。"复出遗诏授之道："敢有违天者，汝讨之。"靖难之役时，梅殷受命领兵抗燕，驻守淮安，募兵四十万。明成祖继位后，梅殷当时尚驻兵淮上，宁国公主啮指流血，写信给梅殷劝降。殷得书大哭，并问使者建文帝下落，使者推说皇上已死去。梅殷回到南京，朱棣接见温慰说："驸马劳苦！"梅殷回说："劳而无功耳。"朱棣暗恨之。

永乐二年（1404年），都御史陈瑛报告说梅殷"蓄养亡命"。永乐三年（1405年），梅殷到皇宫开会，被前军都督佥事谭深、锦衣卫指挥赵曦两人推落笪桥下，落水溺死。宁国公主向朱棣哭打，朱棣只好把谭、赵杀掉，断二人手足，剖其肠经祭之，谭、赵二人临刑前说出这项阴谋。

笔者大胆推测，曹雪芹少年时期居住的江宁织造府很可能就是明朝宁国公主府旧址或在其附近，而他应该也非常熟悉梅殷含冤被害的故实，所以他才将自己小说中最主要的贵族府第命名为宁国府和荣国府，以此来向后人暗示贾家的衰落是受人诬陷含冤负屈的结果，贾家是残酷皇室斗争的不幸牺牲品。

大航海家郑和的前半生

"郑和下西洋"的故事在中国家喻户晓,那么,明成祖朱棣为什么选择郑和作为下西洋这一大型外交活动的首席负责人呢?郑和在下西洋之前有什么与众不同的经历呢?

这事应该从郑和的先祖赛典赤·赡思丁·乌马尔说起。咱们先说说赛典赤·赡思丁·乌马尔这个名字,此名来自阿拉伯语的音译,"赛典赤"是对贵族的称呼,"赡思丁"是姓,意为"宗教的太阳","乌马尔"是名,意为"长寿"。

从名字来看,郑和的先祖应该是来自阿拉伯地区的贵族,事实也的确如此。乌马尔不但是贵族,而且不是一般的贵族,他是传说中的"圣裔",也就是伊斯兰教创始人穆罕默德的后代子孙。乌马尔来到中国后,凭借自己的突出能力和贵族身份在蒙古国(后改称元)的军队中担任了重要职位。1253 年,蒙古军队攻占了位于今云南地区的大理国,征服了当地各民族,并于 1276 年设置了云南行省,而被任命统治云南的就是能征惯战、屡立战功的乌马尔。

乌马尔不仅能在马上帮助蒙古人打天下,而且有着出众的政治才能。在他的治理下，云南政通人和，百姓安乐，他也得到了云南人民的拥护和中央政府的嘉许，死后被元世祖忽必烈封为"咸阳王"。

郑和的曾祖父仍然延续着"圣裔"的称号和姓氏，他的祖父则因为某些原因随了母姓，改姓马。郑和的父亲名叫马哈支，生有二子四女，长子文铭，次子三保，也就是后来的郑和。

郑和的祖父和父亲都是回教徒，都有不远万里到麦加朝圣的经历，祖父和父亲言谈中对海外风情的描述让年少的马三保对外界充满了强烈的好奇心，这无意中为他将来的远洋航行埋下了伏笔。

1381年冬天，郑和十岁时，天大的灾难降临到了少年马三保的身上。

这一年，明朝军队攻进了元朝贵族据守的云南，打到了郑和的家乡昆阳州（今云南晋宁）。小马三保在战乱中和家人离散，不幸被掳进了明营，更为不幸的是，他在那儿惨遭阉割，成了太监。

几年后，马三保遇到了他生命中的贵人——朱元璋的儿子燕王朱棣，朱棣非常喜欢这个少年，就把他留在自己身边做了侍卫。在靖难之变中，马三保跟随朱棣南征北战，出生入死，立下了数不清的汗马功劳。特别是在郑村店一战中，他身先士卒，冒死冲锋，给朱棣留下了非常深刻的印象。

朱棣在南京称帝后，为了表彰马三保在郑村店（在今北京大兴境内）的英勇表现，御书斗大一个"郑"字赐之为姓，并给他改名为"和"，随后封他为内宫监太监，官至四品，地位仅次于司礼监。

从这时起，马三保成了我们熟悉的郑和。

郑和不仅懂兵法，有谋略，英勇善战，而且具有卓越的外交才能。永乐二年（1404年）明成祖派遣郑和出使日本，郑和统率楼船水师十万多人，历经千辛万苦终于成功抵达东瀛，并向日本执政者源道义传达了明成祖的旨意，"使其自行剿寇，治以本国之法"。日本统治者自知理亏，立即下令逮捕倭寇首领，保证今后不再发生类似情况，并与明朝正式建立外交关系，签订贸易条约。在此之前，他还曾经成功出使过暹罗，就是现在的泰国。从事外交活动的经历和经验为他日后的下西洋之壮举写下了漂亮的引子。

其实，明成祖早就把郑和视为下西洋"首席执行官"的第一人选了，因为他在任命郑和为内宫监太监时，给他安排的职责中就有监造船舶这一项。

在内宫监太监的任期内，郑和不但积累了丰富的造船经验，而且按照明成祖的意图在大明海域进行了两次远距离的海上航行，增加了航海知识，积累了航海经验，为将来的下西洋远航打下了基础。

1405年夏天，一直雄心勃勃、渴望名震四海的明成祖派遣钦差总兵太监郑和率领两万七千多人的庞大船队从刘家港（今江苏省太仓市浏河镇）扬帆出海，迎风远航，驶向遥远而又神秘的西洋海域及沿岸各国。郑和凭借着自己高卓的军事才能、外交才能和深厚的地理知识、宗教知识，一次又一次胜利地完成了出访使命，在中国航海史和世界航海史上写下了辉煌壮丽的伟大篇章。

明朝皇帝爱翻老子定的案

我国历史上的每个朝代都有自己的特色。比如汉代在审美上以苗条为佳，而唐代则崇尚丰满，所谓"燕瘦环肥"是也；再比如，在文学上，汉赋、唐诗、宋词、元曲、明清小说各自有着各自的精彩。有趣的是，每个朝代的皇帝也有着独一无二的特点——西汉皇帝爱帅哥，东汉皇帝娃娃多，晋朝皇帝大多是权臣手中的木偶，唐朝皇帝有一半沉迷于服"长生不老丹"，宋朝皇帝好读书、爱书法，明朝皇帝则一代不如一代越来越昏庸。

除了昏君多之外，明朝皇帝还有一个"独到之处"，那就是爱翻老子定的案，不过这倒不是个坏事儿。

明成祖朱棣通过靖难之役逼得建文帝不知所终，与世界彻底失联后，对反对他、抵制他的建文帝旧臣展开了疯狂到超级变态的报复，齐泰、黄子澄、方孝孺、铁炫、景清等忠于建文帝的前朝大臣都惨遭抄家灭族之祸，方孝孺更是被残暴的朱棣灭了十族，建文帝旧臣和他们亲人的鲜血染红了南京城的大地，因为与他们有牵连而被流放边境的罪人挤满了南京城外的条条大路。

然而，朱棣死后，他的儿子明仁宗朱高炽竟然翻了他当初定的案，一纸诏书把老爸眼里那些罪大恶极的建文帝旧臣变成了忠臣义士。

明仁宗是一个仁爱宽厚的皇帝，他对他老爸的严刑重赋、频繁用兵等做法颇有微词，即位后就改弦更张，开始改革。

明仁宗的第一项整改措施就是赦免建文帝旧臣和永乐一朝遭连坐流放边境的罪犯家属，并允许他们返回原籍居住。接着进一步平反冤假错案，使得建文帝忠臣方孝孺的"诛十族"惨案等许多冤狱都得以昭雪，并恢复了一些受害大臣的官爵，这应该是朱棣生前无论怎么狂想也不能想到的事情。

1449年，土木堡之变发生，明仁宗的孙子英宗朱祁镇被瓦剌（蒙古的重要一支）俘虏，他的弟弟朱祁钰被推上皇位，这就是历史上的明代宗（又称明景帝）。在明代宗的支持下，兵部尚书于谦指挥明军打败了进犯北京的瓦剌军，挫败了瓦剌首领也先想用英宗迫使明朝求和的企图。

当时，也先挟持着明英宗来到了北京城下，要求明政府拿出大量的金银绸缎和他们讲和，否则就杀死英宗皇帝，于谦以"社稷为重，君为轻"为由严词拒绝。后来，也先见英宗已经完全没有了利用价值，就把他放了回来。

1457年，夺门之变发生，明英宗复位，于谦被英宗信任的奸臣诬陷为谋反之罪，在凛冽寒风中被杀害于崇文门外。

明英宗的儿子宪宗朱见深知道于谦是受冤而死的忠直之臣，

他登基后不久就为于谦平反,恢复了于谦的官职和名誉,并派人去于谦墓前祭祀,还在全国范围内发布谕文称颂于谦生前的功勋业绩。

1521年,昏君正德皇帝朱厚照驾崩,因为他是独子,而且没有留下子嗣,他的堂弟朱厚熜幸运地得以继承大统,成了大明帝国的一把手,这就是另一个为人熟知的昏君嘉靖皇帝。

嘉靖皇帝想让自己已经去世的父亲兴献王朱祐杬在身后获得皇帝的谥号,但迎接他进京继位的宰辅杨廷和等人坚决不同意,而且要求新皇帝按照皇家惯例称伯父弘治皇帝朱祐樘为父皇,称亲生父亲兴献王朱祐杬为叔父。嘉靖皇帝不肯妥协,以退位相威胁,杨廷和被迫辞官回乡,这就是历史上有名的"大礼议"事件。

嘉靖皇帝逼走杨廷和后,正式下诏给他的生父上谥号为恭穆皇帝。杨廷和的儿子杨慎召集了二百多名朝廷官员,赶到金水桥齐声大哭,对嘉靖皇帝僭越礼仪表示强烈抗议。嘉靖皇帝龙颜大怒,下令锦衣卫廷杖这些闹事的官员,当场打死十六人。十天后,杨慎联合六位朝臣再次在朝堂上痛哭抗议,嘉靖皇帝御笔一挥,将杨慎流放五千里之外的云南边陲,直到四十多年后死在云南。

杨慎去世八年之后,嘉靖皇帝驾崩,他的儿子朱载垕继位成为隆庆皇帝。隆庆皇帝一登上皇位,就翻了他老爸当年定下的杨慎流放案,不但为杨慎恢复了名誉,还追谥杨慎为光禄寺少卿。

明成祖、明英宗、嘉靖皇帝都曾是天下最有权力的人,都曾说一不二,一手遮天,但他们那唯我独尊的龙眼还没有踏踏实实地闭上，他们的儿子却已经把老子当年钦定的案子彻底地翻转了过来，无意中给老子脸上来了狠狠的一记耳光，这三个皇帝如果地下有知，不知当做何感想，有何反应。

贵州为什么叫贵州

中华大地上有很多以州为名的城市，如杭州、苏州、广州、福州、兰州、郑州等，顺便说一下，株洲的洲有三点水，和别的州可不一样，写的时候可不要写错哟！

无独有偶，还有一个州也和别的州大不相同，可谓独树一帜，空前绝后，这个州就是贵州，因为这个名字不属于一个城市，而是属于一个省。

那么，贵州为什么叫贵州呢？

有一种说法认为贵州的名字是宋太祖赵匡胤御赐的。话说974年，西南地区土著乌蛮（现在的彝族中的一支）的首领普贵以其控制的矩州（今贵州省中部，以贵阳为中心）归顺大宋王朝，"宋太祖因其语矩为贵，赐普贵为贵州之长，贵州之名始于此"，这个说法的证据就是宋太祖当时颁布的《赐普贵敕》中的一段话——予以义正邦，华夏、蛮貊罔不率服，惟尔贵州，远在要荒。先王之制，要服者来贡，荒服者来享……

但是，宋太祖给普贵封的官职并不是贵州刺史，而是矩州刺史，这说明在他心目中，贵州并不是一个地名。笔者大胆猜测一下，很可能宋太祖敕书中"惟尔贵州"的"贵州"是一个尊称，就像我们和陌生人见面时会问对方"贵姓"一样。

此外，还有一个证据可以说明宋太祖不可能通过赐名将矩州改为贵州。普贵归顺北宋王朝的时候，北宋已经有了贵州这个地方，它不在如今的贵州，而是在广西壮族自治区，具体地说，位于今天的广西贵港市一带。

既然如此，矩州是怎么变成贵州的呢？据笔者猜测，应该是这样的——普贵为了证明当朝皇帝宋太祖对他和他治理的矩州的重视，就大力宣扬皇帝在敕书中将矩州称为贵州一事，诸位不要忘了，他名字中还有个贵字哟！于是，矩州的百姓，特别是不懂汉语的少数民族，就渐渐接受了矩州有一个新名字叫贵州这个说法，一个新地名就这样诞生了。

尽管贵州在北宋初年就已经作为一个非正式地名出现了，但它真正在行政区划分中占有一席之地却发生在北宋末期。

北宋宣和元年（1119年），徽宗皇帝加封奉宁军承宣使知思州军事土著首领田佑恭为贵州防御使，以表彰他的功劳，这是贵州第一次作为行政区划名称在历史上出现，但当时的贵州是一个州府级别的行政区，相当于现在的地级市，管辖范围仅限于如今的贵州中部。

三百年后，贵州在历史上从地级升格为省级，当时是明初永乐年间，在位的皇帝是明成祖朱棣，从那时起一直到现在，贵州一直是中国诸省中的一员,屈指算来,已有六百年之久了。

明朝最发达的 33 个城市哪个强

GDP 是衡量一个城市是否发达的重要指标，2020 上半年 GDP 百强城市中，光荣挺进前三甲的是上海、北京和深圳；依次名列第四到第十位的是重庆、广州、苏州、成都、杭州、南京和天津；武汉、长沙、无锡、青岛、宁波、郑州、泉州、南通、佛山和西安也成功跻身二十强；紧随其后的十个城市是济南、合肥、东莞、福州、常州、烟台、昆明、唐山、大连和温州，徐州、长春和厦门则分别列在第三十一到第三十三位。

如果按照所在省份来统计上述 GDP 三十三强，排在首位的乃是有六城上榜的江苏省，这六座城市包括苏州、南京、无锡、南通、常州和徐州；名列第二的是广东省，该省的深圳、广州、佛山和东莞榜上有名；山东、浙江和福建并列第三，各有三城入榜，山东的三城为青岛、济南和烟台，浙江的三城是杭州、宁波和温州，福建的三城有泉州、福州和厦门；四大直辖市之外的其他上榜城市都是相关省份的独苗苗，正所谓举全省之力发展省会是也。

那么，笔者为什么要拿三十三强说事呢？因为本文要说一说明朝时期最发达的三十三个城市，然后通过今昔对比来看一看哪些城市堪称"自古繁华"。

根据大明宣德四年，即1429年颁布的关于设立钞关的诏书，当时最发达的三十三座城市有北直隶的顺天府、南直隶的应天府、苏州府、松江府、镇江府、淮安府、常州府、扬州府和仪真县；浙江的杭州府、嘉兴府和湖州府；福建的福州府和建宁府；湖广的武昌府和荆州府；江西的南昌府、吉安府、临江府和清江县；广东的广州府；河南的开封府；山东的济南府、济宁州、德州和临清州；广西的桂林府；山西的太原府、平阳府和蒲州；四川的成都府、重庆府和泸州。

需要说明的是，明朝和现在相对比，北直隶相当于京津冀，南直隶相当于沪苏皖，湖广相当于湖南湖北，四川相当于四川和重庆，顺天府就是北京，应天府就是南京，松江府就是上海，武昌府就是武汉。

如果把明朝最发达的三十三座城市和2020年上半年的GDP前三十三强对照起来看一下，我们可以发现从六百年前一直繁华到如今的十二座城市——上海、北京、重庆、广州、苏州、成都、杭州、南京、武汉、济南、福州和常州。

在这十二个一直与繁华相伴的城市中，江苏省竟然拥有三个名额——苏州、南京和常州，一个省份足足占了全国的四分之一，真不愧是典型的"花柳繁华地，温柔富贵乡"。在这三个城市中，最低调的是常州，如果我再告诉您一条关于常州的信息，您肯定会大跌眼镜，肃然起敬。

那究竟是什么信息呢？原来，现在GDP远远高于常州的无锡市在1911年以前一直属于常州。如果把常州和无锡的GDP加在一起，那个这个数据将在2020年上半年GDP百强城市中名列第七位。

大明中叶

万贵妃：那个比皇帝大十九岁的女人

山东诸城可谓人杰地灵，大画家张择端，金石学家赵明诚（大词人李清照的丈夫），书法家、大清官刘墉，著名作家王统照、王愿坚都出生在这片神奇的土地上，同时，这儿也出现过几个让人不敢恭维的人物，比如北宋大臣赵挺之（李清照的公公），比如本文的主人公——万贵妃。

要说万贵妃的童年，那不是一般的悲惨，这从某种程度上决定了她后来的行为。

万贵妃的父亲是一个不幸获罪的小官，为了日后在皇宫里有个依靠，他把还未成年的女儿送进皇宫做了宫女。

作为一个无依无靠的小宫女，万姑娘肯定吃了很多苦，受了很多气，甚至遭了很多罪，但她没有向命运屈服，凭借着倔强和坚忍走过了人生中那段最黑暗的日子，直到因为勤快灵巧得到了孙太后的喜欢，成了老太太跟前的红人。

1447年，孙太后的孙子出生了，这就是历史上的明宪宗朱见深。孙太后非常钟爱她的宝贝孙子，就派自己最信任的万宫女去照料这个普天之下最高贵的小男孩,这就很像《红楼梦》中贾母安排袭人去宝玉房里做大丫鬟,所不同的是,宝玉与袭人年龄相仿,而万宫女足足比朱见深大了十九岁。

小皇子朱见深的老爸不是别人,就是土木堡之变的第一主人公明英宗朱祁镇。明英宗御驾亲征之前,为了遵循"皇帝在外,太子监国"的祖训,把只有两岁的朱见深立为了太子,这样一来,万宫女的地位自然又升高了一级。不幸的是,明英宗兵败土木堡做了蒙古人的俘虏,"国不能一日无君",于是他的弟弟朱祁钰被拥立为帝,历史上称为明代宗。后来,明英宗虽然被释放回来了,却已经是"落架的凤凰不如鸡",不得不在别人的监视下讨生活,而朱见深也在土木堡之变五年后被明代宗废去了太子之位。

"疾风知劲草,板荡识诚臣。"在年幼的朱见深深陷危困时,万宫女表现出了勤快灵巧之外的另一个优点——忠贞,她痴心护主,恪尽职守,时时准备着以自己的身躯去阻挡小王子生命中的凄风苦雨。1457年,夺门之变发生,被软禁了八年的明英宗再次登上皇帝宝座,朱见深随后恢复了太子之位,这一年,太子十岁,万宫女二十九岁。七年后,明英宗驾崩,太子朱见深继位,是为明宪宗。

明宪宗登上帝位后,立即做出了一个惊世骇俗、空前绝后的决定——封比他大十九岁的万宫女为贵妃。

虽然在我们这个时代忘年恋已不新鲜,虽然宪宗皇帝和万宫女在苦难中结成的情谊弥足珍贵,但他的这个选择还是让我们瞠目结舌,难以置信。

不管怎么说，从那一天起，万宫女升格成了万贵妃。

尽管周太后强烈反对，吴皇后更是拼命抵制，在册封万贵妃这件事上，明宪宗一意孤行，毫不为之所动，而万贵妃的肚子也特别地争气，第二年就给宪宗皇帝生下了一个小皇子。可是，此后却出现了乐极生悲的态势——小皇子在十个月大的时候不幸夭折了，中年得子又失子的万贵妃心如刀割，悲痛欲绝，其情之苦非言语可以表达……

万贵妃的失子之痛固然值得同情，可她随后的做法就应该归入可恨的范畴了。

为了抚慰万贵妃伤痕累累的心，明宪宗给了她更多的关爱眷顾和温柔缱绻。然而，万贵妃却再也怀不上龙种了。更糟的是，她内心的天平开始向邪恶的一边倾斜——她受不了别的妃嫔受孕的消息，她要把皇帝更紧地拴在身边，不让他和别的女人亲密接触。

在两年多的时间里，万贵妃成功地阻止了明宪宗龙种的散播，但她的一时疏忽让自己功亏一篑——贤妃柏氏怀上了皇帝的孩子。这个消息对于万贵妃简直就是晴天霹雳，她使出浑身解数要除掉柏妃肚子里的胎儿，可还是没有得逞，只能眼睁睁地看着别的女人给宪宗皇帝生下了一个儿子。

又一次喜得龙子的明宪宗陷入了巨大的幸福，兴奋之余宠幸了令他一时情迷的宫女纪氏。

纪氏是一个来自广西少数民族地区的贵族少女，有着与众不同的高贵气质，尽管明宪宗心里装着万贵妃，还是被秀外慧中的纪氏吸引了，于是就宠幸了这个幸运抑或不幸的女子。纪氏是幸运的，皇帝的一次垂青，而且是她一生中唯一的一次，就让她珠胎暗结了；纪氏也是不幸的，宪宗一直不知道她怀了龙种，而万贵妃却很快就听到了风声。

纪氏有孕恰好发生在柏妃产子之后，这对于万贵妃来说绝对是旧恨未除又添新恨，于是她气势汹汹地派身边人去给纪氏堕胎。纪氏因为平时与人为善躲过了一劫，被派去堕胎的人回来向万贵妃报告说纪氏小腹隆起是因为长了瘤子，并非有孕在身，万贵妃这才吃下了定心丸，但她妒意犹存，余恨未消，就派人把纪氏赶到了安乐堂。安乐堂听起来是个不错的地方，实际上是无权无势又身患重病的太监们等死的地方，万贵妃用心之歹毒由此可见一斑。

纪氏在安乐堂秘密地生下了一个男婴，善良的太监张敏、怀恩和被废的吴皇后与纪氏一起充当起了小皇子的保护神，在他们的共同努力下，小皇子一天天地长大了。开始的时候，万贵妃又听到了一些风吹草动，并且曾经派亲信到安乐堂搜查过几次，但都无果而归，后来就把这事忘到爪哇国去了。一则她相信了纪氏没有生下孩子；二则她要将更多的精力放在对付柏妃母子上，因为朱祐极那个小家伙已经乌鸦变凤凰，今非昔比了。

尽管明宪宗对万贵妃的深厚感情一如既往，没有丝毫减少，他也不得不承认最爱的女人已经年近四十，生儿育女的可能已经微乎其微，在这种情况下他把已经两岁的朱祐极立为了太子。可朱祐极这孩子也是个苦命人，做太子还不到一年就命断深宫了，不知是不幸夭折还是更不幸地死于万贵妃之手。万贵妃狂喜不已，宪宗皇帝暗自伤心，柏妃痛定思痛，心如死灰，再也不问凡尘俗事……

万贵妃此时已是四十四岁，但她还是不肯服输，坚信自己能够为皇帝生下皇子，就开始了新一轮的"阻孕"运动。转眼四年过去了，明宪宗即将步入中年（当时人们的平均寿命短，三十岁已属中年），却还是膝下无子，不觉心间生出无限忧虑，以至于一次在张敏给他梳头时发出了这样的感叹："老之将至而无子！"张敏不失时机地把纪氏有子且已六岁的消息向宪宗做了汇报，宪宗大喜过望，立即命张敏将小皇子召到面前，赐名朱祐樘。樘者，国家栋梁，中流砥柱也，纪氏也母因子贵被封为淑妃。

如果说柏妃有孕对于万贵妃来说是个晴天霹雳，那么纪妃偷偷产子并养至六岁对其而言简直就是世界末日般的噩耗。万贵妃气得耳鸣心悸，五内俱焚，几乎要疯掉了，终日对着周围的人大叫："群小诈我！群小诈我！"

万贵妃认定纪妃所为是对她智商的莫大侮辱，随即展开了疯狂的报复。小皇子朱祐樘深受宪宗喜爱，很快被立为新太子，而且得到了周太后的特别关爱和保护，万贵妃即使有胆也没有机会下手，就把矛头指向了纪妃和向皇帝透露真相的张敏，不久纪妃暴病而逝，张敏吞金自尽。这时，一个意料之中却又让万贵妃难以接受的事情终于发生了——她彻底绝经了。

面对残酷而无奈的现实，不到黄河心不死的万贵妃终于冷静下来了，静下来之后她意识到了两个重大问题：第一，她已经到了绝经的更年期，再也不可能受孕生子了；第二，她是爱皇帝的，不能让皇帝因为她的私心绝了后代，以至于江山易主。

从真正进入更年期起，万贵妃再也不阻止宪宗皇帝临幸别的妃嫔了，于是，随后的十一年间，明宪宗噼里啪啦地收获了十一个皇子，而之前的十二年，由于万贵妃的变态控制，宪宗皇帝的妃嫔只生下了三个皇子，一个是万贵妃自己的骨血，一个很可能死于万贵妃的毒手，一个为了逃避万贵妃的迫害偷偷摸摸地生活了六年之久。但各位不要以为万贵妃从此就洗心革面、立地成佛了，她只是改变了一下"游戏"方式而已，在决定不再阻止别的妃嫔受孕生子的那一刻，她已经开始了她的新"事业"——设法让诸皇子和他们的母妃们为了皇位继承权争个头破血流，争个你死我活……

独一无二的明孝宗

说起皇帝的女人，自古即有"三宫六院七十二嫔妃"之说，更有甚者，如秦始皇、晋武帝，在皇宫中蓄养着成千上万的女子供其淫乐。令人大跌眼镜的事，历史上竟然也有实行一夫一妻制的皇帝，比如隋文帝和明孝宗，但他们两个的情形又颇有不同。隋文帝是有名的"妻管严"，他大半辈子只有独孤皇后这一个老婆并非心甘情愿，而是有贼心没贼胆，独孤后在世时他就有过偷腥行为，独孤后死后他更肆意临幸宫中女人，最终因为儿子杨广欺辱他宠爱的宣华夫人而雷霆震怒，命断深宫。明孝宗则是自觉自愿地履行一夫一妻的婚姻制度，和隋文帝相比高下立见。

明孝宗朱祐樘是明朝的第七代皇帝，他和皇后张氏的婚姻是由其父宪宗皇帝决定的，结婚大典于成化二十三年（1487年）举行，当时孝宗十七岁，张氏十六岁，可谓典型的少年夫妻。

张氏出生于书香门第，活泼可爱，知书达理，有着大家闺秀和小家碧玉的双重气质，深得孝宗喜爱。据明人陆楫的《蒹葭堂杂录摘抄》记载，孝宗"平生无别幸，与后相得甚欢"，下面这几则出自其中的小故事足以证明明孝宗对张皇后的爱有多真有多深。

按照明朝后宫制度,皇帝在乾清宫中宠幸皇后时,皇后是不能于此过夜的,必须在事后由太监宫女们高举宫灯大排仪仗送回她居住的坤宁宫。但孝宗皇帝打破了这个规定,允许皇后在乾清宫一直陪他到天明,这样就免去了张皇后和宫女太监们月黑风凉、路滑霜浓的夜行之苦。

孝宗皇帝的关爱和体贴在张皇后生病时体现得更充分更深刻。

有一次,张皇后生了一场大病,孝宗皇帝神思不安,放心不下,就亲自到坤宁宫来照料皇后,又是给她喂药,又是帮她漱口,又是招呼宫女,又是嘱托太医,比平常人家的老公还像老公。就在孝宗扶着皇后慢慢坐起时,忽然他招手示意宫女替他服侍皇后,原来他那时有了想咳嗽的感觉,怕自己的咳声让皇后心中不安,故而暂时离开一下。陆楫写到此处,不由得感叹明孝宗"厚伦笃爱若此"。

古语曰"爱屋及乌",孝宗皇帝对张皇后的爱就已经到了这个程度,皇后的家人和她本人一样在皇帝心中有着非常重要的地位。在一个隆重的节日里,张皇后的母亲金夫人到皇宫赴宴。宴席摆好之后,帝后在正殿用餐,金夫人席则坐在旁殿的客席。孝宗皇帝注意到自己和皇后用的是金器,而作为长辈和客人的金夫人用的却是银器,就问在场的太监是怎么回事,太监回答说乃是旧制。孝宗不便违背旧制,就想了个别的办法表示对皇后家人的厚爱——宴会结束后将金夫人所用银器恩赐予她,并且另外准备一席御膳让她带给皇后的父亲品尝。

在长达十八年的时间里,明孝宗与张皇后一直像寻常百姓家一样过着一夫一妻、举案齐眉、互敬互爱的幸福生活,在中国历史上留下了一个美好而温馨的难解之谜。

孝宗皇帝为什么要在偌大的皇宫坚持一夫一妻制呢?笔者在此为大家提供几个原因作为参考。其一,明孝宗是三百五十多个皇帝中最大的爱情幸运儿,他娶到的第一个女子恰好就是他的最爱。其二,明孝宗是个心系天下、爱民如子的皇帝,他在位期间一直励精图治,勤于政事,不愿被儿女私情占去太多的心思和精力,这才有了明朝中期独一无二的"弘治中兴"。其三,明孝宗的生母生前备受万贵妃迫害,最终刚刚生下宝贝儿子就含恨而死,这种特殊身世让孝宗对后宫的争宠倾轧心有余悸,干脆来个彻底的了断,不纳妃嫔,只爱张皇后一个。

明孝宗不但只有一个后妃,而且只有一个儿子,就儿子的数量而言也几乎是独一无二的。要知道,儿子成群的皇帝为数众多,因为身体原因或年纪幼小而没有儿子的皇帝也不在少数,只有一个儿子的皇帝却是凤毛麟角。

实际上,张皇后为孝宗皇帝生过两个儿子,但二儿子出生不久就夭折了,幸存下来的大儿子就是正德皇帝(又称明武宗)朱厚照,也就是"游龙戏凤"那个故事里的多情天子。遗憾的是,武宗皇帝在传宗接代上还不如他老爸孝宗皇帝,他虽然有不少后妃,却连一个儿子都没有,这直接造成了孝宗这一支皇脉和张皇后个人的大悲剧。

因为正德皇帝没有儿子,已经升为太后的张皇后不得不在痛失爱子之余从他的堂兄弟中找一个来继承大统,这个幸运者就是朱厚熜,即嘉靖皇帝。嘉靖皇帝要尊奉他已逝的父亲为皇帝,要封他的亲生母亲为皇太后,这引起了朝廷重臣和张皇后等人的不满,从而引发了明史上著名的"大礼议"事件。一番论争博弈之后,嘉靖皇帝取得了最后的胜利,他和伯母张皇后的和谐关系再也不可能真正恢复,张皇后的余生是在孤独寂寞中度过的,那长达二十年的清冷凄凉是一般人难以想象的,如果孝宗皇帝地下有知,会怎么看待自己当年的决定呢?

风流才子唐伯虎的苦难人生

明代大画家唐伯虎是个家喻户晓的风流才子,民间有着很多关于他的故事传说,其中最著名的当然是他"三点秋香"的风流韵事,很多艺术形式都编演过这个故事,比如电影《唐伯虎点秋香》、评弹《三笑》、豫剧《风流才子》。

我们都知道,文学艺术来自生活、高于生活,所以,文艺作品中唐伯虎的人物形象和人生经历都当不得真。那么,历史上真正的唐伯虎究竟是个什么样的人呢?他走过了一条怎样的人生道路呢?

唐伯虎实际上姓唐名寅,伯虎是他的字。唐寅之所以以"寅"为名据说是因为他生于庚寅年寅月寅日寅时,生日有这么多巧合的人好像应该有着一个顺风顺水、幸运幸福的人生,但事实却恰恰相反,唐伯虎的一生真可谓磨难重重,命运多舛。

1470年,即明宪宗成化六年,唐伯虎出生于苏州的一个商人家庭。他从小聪明伶俐,熟读经史,深受父母喜爱,而且家中还有一个妹妹给他做伴,一家人亲慈子孝,其乐融融。唐伯虎十六岁时参加秀才考试得了第一名,一时之间轰动了整个苏州城。十九岁时,唐伯虎和徐氏成亲，二人举案齐眉，琴瑟和鸣，非常恩爱。

令人意想不到的是，唐伯虎二十多岁时，一连串的灾难降临到了他幸福美满的大家庭中，父母、妻子、妹妹相继去世，家境也随之衰败。逆境之中的唐伯虎并没有一蹶不振沉沦下去，他在好友祝允明（就是大家熟悉的祝枝山）的规劝下潜心读书，在二十九岁那年参加应天府公试时，成功摘取第一名解元。

但人生对唐伯虎的残酷考验远远没有结束，新一轮的磨难正在前面的道路上等待着他的到来。

踌躇满志的唐伯虎在得中解元的第二年满怀憧憬赴京参加会试，却不料被卷入了决定他一生命运的"会试泄题案"。

当时主持京城会试的是大学问家程敏政和大文学家李东阳，二人都是饱学之士，出的试题比较生僻，很多考生都被难倒了，只有江阴考生徐经和苏州考生唐寅的试卷不仅扣题贴切，而且文辞优雅。于是，给事中华昶给孝宗皇帝上书弹劾程敏政收受贿赂泄露试题，如不严加追查，将有失天下读书人之心。孝宗皇帝信以为真，十分恼怒，立即下旨不准程敏政阅卷，凡由程敏政阅过的卷子均由李东阳和其他考官复阅，并下旨将程敏政、唐寅和徐经押入大理寺狱，派专人审理。

李东阳等人复阅答卷时发现徐经和唐寅的卷子并不在程敏政阅过的试卷之内，审理得出的结果则是徐经到京城后曾拜访过程敏政，唐寅在程敏政被钦定为主考官之后曾请他为自己的一本诗集作过序，但并未查出受贿泄题的证据。

最后，孝宗皇帝下旨"平反"，三人出狱重获自由，华昶"以言事不实调南太仆主簿"。程敏政出狱后，愤懑不平，发痈而卒。唐伯虎被削去为官资格谪往浙江为吏，他耻不就任，弃职回乡。

关于这场"会试泄题案"，有人认为这是统治阶级内部斗争的结果，《明史·程敏政传》就是这样记载的："或言敏政之狱，傅瀚欲夺其位，令昶奏之，事秘莫能明也。"

但毫无疑问的是，"会试泄题案"对唐伯虎造成的打击是极其严重的，他从此告别官场，绝意仕途，决心以诗文书画终其一生。屋漏偏逢连夜雨，科场失利且经受了牢狱之灾的唐伯虎返回苏州后，家中又发生了一个大变故，他的第二任妻子忍受不了清贫潦倒的生活，终日大吵大闹，最后甩手而去。

孤身一人的唐伯虎住在吴趋坊巷口临街的一座小楼中，以卖文作画为生，过着一种宁静淡泊、潇洒随意的生活，就像他在一首诗中所写的那样："不炼金丹不坐禅，不为商贾不耕田。闲来写幅丹青卖，不使人间造孽钱。"

三十六岁时，靠卖画有了一定积蓄的唐伯虎在苏州城北桃花坞建了一座优雅清闲的园子，这里景色宜人，环境幽静，一曲清溪从一片土丘前蜿蜒流过，溪边几株红桃绿柳，很有几分山野之趣。第二年，唐伯虎又建成了一处别墅，虽然只有几间茅屋，檐下却悬着"学圃堂""梦墨亭""蛱蝶斋"等雅致的匾额。

唐寅一生酷爱桃花，就给这处别墅取名"桃花庵"，自号"桃花庵主"，并作《桃花庵歌》明志："……桃花仙人种桃树，又摘桃花换酒钱。酒醒只在花前坐,酒醉还来花下眠。半醉半醒日复日,花落花开年复年……"他经常邀请祝允明、文徵明等好友来此饮酒赋诗,挥毫作画,每次都尽欢而散。此时的唐寅日子过得清闲而超脱,却没想到自己在不久的将来会再一次身陷险境,命悬一线。

明武宗正德九年,即1514年,唐伯虎在明宗室宁王的重金征聘下去了南昌,不久却发现自己陷入了宁王的一个危险而可怕的政治阴谋之中。为了逃脱险境,保住性命,唐伯虎不得已向历史上的孙膑和《水浒传》中的宋江学习,自毁形象,佯装疯癫,这样才得以成功脱身回到苏州。

此后不久,宁王起兵反叛朝廷,结果在朝廷大军的打击下兵败如山倒,很快便被平定。

唐伯虎虽然凭借自己的智慧躲过了一劫,但他从南昌回来后身体一直状态不好,常年生病,以至于不能经常作画来卖,加上又不善于持家理财,于是生活再一次陷入了困境,一度靠向好友祝枝山、文徵明两人借钱度日。同时他的思想渐趋消沉,转而信佛,自号"六如居士",深感"一切有为法,如梦幻泡影,如露亦如电,应作如是观"。(语出《金刚经》)

在此期间,著名书法家王宠经常接济唐伯虎,他的儿子迎娶了唐伯虎唯一的女儿,这成了唐伯虎晚年最快乐的一件事。

明世宗嘉靖二年(1523年)的秋天,身体状况越来越差的唐伯虎应好友邀请去东山王家做客。在主人家里,唐伯虎碰巧看见了一幅苏东坡的真迹,其中有"百年强半,来日苦无多"之句。这两句正好触动了他的悲苦心境，回家后即卧病不起，不久便与世长辞了。一代风流才子就这样走完了他充满苦难的一生。

可能人们觉得唐伯虎这一辈子太不幸了，所以就特意以他为主人公编出了很多快乐有趣的故事传说，希望借此来安慰一下他那颗被这个世界深深伤害的才子之心。

看古代大文豪怎样过春节

提到古人过春节,大家就会想起王安石的那首《元日》:

爆竹声中一岁除,春风送暖入屠苏。
千门万户曈曈日,总把新桃换旧符。

但是,相比之下,苏轼、苏辙兄弟笔下关于屠苏的诗句更明确、更细致地写出了他们饮屠苏酒时的生活情境。

先看看苏轼的《除夜野宿常州城外二首》其二:

南来三见岁云徂,直恐终身走道途。
老去怕看新历日,退归拟学旧桃符。
烟花已作青春意,霜雪偏寻病客须。
但把穷愁博长健,不辞最后饮屠苏。

再来看苏辙的《除日》:

年年最后饮屠酥，不觉年来七十馀。
十二春秋新罢讲，五千道德适亲书。
木经霜雪根无蠹，船出风波载本虚。
自怪多年客箕颍，每因吾党赋归欤。

苏氏兄弟二人在以屠苏酒入诗时，不约而同地写到了"最后饮屠苏"，为什么会这样呢？

原来，古人在饮屠苏酒时有一个特殊的风俗——一家人中年纪最小的先喝，然后依次传下去，年纪最长者最后喝，因为小孩过年增加了一岁，所以大家让他们先喝以表祝贺；而老年人过年则是生命又少了一岁，拖后一点儿喝，含有祝他们长寿的意思。

王安石在《元日》一诗中写到了桃符，苏轼的《除夜野宿常州城外二首》也提到了桃符，而陆游的《除夜雪》则以一种更富生活情趣的方式，将桃符请入了他的春节诗作——

北风吹雪四更初，嘉瑞天教及岁除。
半盏屠苏犹未举，灯前小草写桃符。

两宋时期，我们熟悉的以字为主的春联已经替代了以画为主的桃符，所以，宋人笔下的桃符其实是春联的代称，而"灯前小草写桃符"则明确地告诉我们陆游《除夜雪》一诗中的桃符实际上是春联的代称。

南宋时期,印刷业已经相当发达,印制的春联应该已经出现,可陆游却更钟爱自己亲手写就的春联,这才有了温馨动人的《放翁雪夜撰联图》。

遥想七百多年前那个雪花飞舞的除夕夜,陆游会写些什么样的春联呢?虽然这个问题乃是不解之谜,但我们可以确定的是,陆游笔下的好多佳句都可以作为春联的内容,比如"箫鼓追随春社近,衣衫简朴古风存",比如"山重水复疑无路,柳暗花明又一村",再比如"小楼一夜听春雨,深巷明朝卖杏花"。

前几年的中央电视台春节晚会上有一首当时广为流传的歌叫《不管你是谁,群发的我不回》,令人大跌眼镜的是,明朝大画家、文学家文徵明在五百年前也曾遇到过类似的烦恼。

请看文大才子的这首《拜年》:

不求见面惟通谒,名纸朝来满敝庐。
我亦随人投数纸,世情嫌简不嫌虚。

此诗翻译成现在的话,意思是这样的——不要求见面,只是希望通过拜帖来问候,因此我的屋中早上堆满了各种名贵的拜帖。我也随潮流向他人投送拜帖,人们只会嫌弃简慢,而不会嫌弃这其实只是空虚的礼节。

关于文徵明在诗中吐槽的不见面的拜年,朋友们是不是觉得就是短信拜年或微信拜年的明朝版呢?

杨慎：一阕临江仙，两把辛酸泪

杨洪基的一曲《滚滚长江东逝水》唱红了《三国演义》的开篇词，"青山依旧在，几度夕阳红"的感慨，"古今多少事，都付笑谈中"的洒脱更加深入人心。

但是，可能很多观众和读者并不知道这首题为《临江仙》的词并非出自《三国演义》作者罗贯中先生笔下，而是由清朝初年的文学评论家毛宗岗、毛伦父子在批改《三国演义》时加在篇首的，作者则是明朝中后期的大才子杨慎。

杨慎之所以能写出这样一首看破红尘、参透世事的词作，是因为他有着一般人难以体味的、独特而痛苦的人生经历。

杨慎的老爸杨廷和先后在宪宗、孝宗、武宗、世宗四个皇帝驾前任职，武宗、世宗时期更是名列总理级的宰辅之位。靠着出众才华和家庭背景，杨慎的前半生可谓要雨得雨，要风得风，心想事成，一路绿灯。最风光的日子则是明武宗正德六年（1511 年），二十三岁的他获得辛未科殿试一甲第一名，也就是传说中的状元。当时的情景，正如唐人孟郊诗中所写——春风得意马蹄疾，一日看尽长安花。

中国历史上的状元并不在少数，但跻身文学家之列的状元却凤毛麟角，寥若晨星，好像除了文天祥，就只有本文的主人公，明代三大才子之一的杨慎了。

杨慎的确是个才子，他少年时就能出口成章，十二岁即写成了令文人雅士们大跌眼镜的《古战场文》，后又凭借一首《黄叶诗》得到当时的文坛一哥李东阳的青睐，从而在北京文艺界一举成名。

遗憾的是，大才子杨慎竟然做了一件我们现代人看来十足的傻事，并由此走上了一条充满凄风苦雨、泥泞坎坷的人生路，更糟的是，这还是一条不归路。

1521年，历史上最有名的花花皇帝，以梅龙镇上游龙戏凤这块招牌驰名古今的明武宗朱厚照驾崩了。朱厚照的年号为正德，但他做起事来身既不正，德也不休，结果年纪轻轻就纵欲而死，不但坑了自己，还坑了他爹，因为他是独子，而且没有留下子嗣，这就等于他爹这支皇脉断子绝孙了。

于是，由谁来继承帝位就成了一个问题。

杨慎的老爸，身为宰辅的杨廷和引《皇明祖训》"兄终弟及"为据，上书皇太后请求立兴献王朱祐杬长子、武宗从弟（即堂弟）朱厚熜继承大统，皇太后没有更好的选择，表示准许。于是，远离京城的野百合朱厚熜迎来了他意料之外的春天，从两千里外的湖北安陆（今湖北钟祥）来到京城，摇身一变成了大明帝国的第一把手。

朱厚熜是在正德十六年（1521年）登上皇位的，按照惯例，他在第二年有了自己的年号——嘉靖，也因此被人称为嘉靖皇帝。

前文说过，新继位的嘉靖皇帝不是前任皇帝的儿子，也不是前任皇帝的亲兄弟，而是堂兄弟，这种特殊的继承关系导致了前面篇章中提到的"大礼议"事件。嘉靖皇帝虽然只有十五岁，却非常强硬，不肯妥协，并以退位相威胁，在这种情况之下，杨廷和被迫辞官回乡。

嘉靖皇帝逼走杨廷和后，便不顾绝大多数朝臣的反对，正式下诏给他的生父兴献王朱祐杬上谥号为恭穆皇帝。

这时，杨慎已经义不容辞地接过了他父亲手中的"护礼派"大旗，他和同年进士王元正召集了二百多名朝廷官员，激动地对大家说："国家养士一百五十年，仗节死义，正在今日。"于是，他们群情激奋，赶到金水桥、左顺门一带齐声大哭，对嘉靖皇帝僭越礼仪、一意孤行表示强烈抗议。

嘉靖皇帝眼见杨家的老子刚走，儿子又带头反对他，龙颜震怒，下令锦衣卫廷杖这些闹事的官员。所谓廷杖，就是在朝堂之上用刑杖打屁股，乃明朝皇帝教训惩罚臣子的主要方式。于是，一时间棍棒齐下，血肉横飞，当场就打死十六人，其惨烈可想而知。

事情到此远远没有结束。

十天后，身体和精神都足够坚强的杨慎联合六位朝臣再次在朝堂上当众痛哭，表示更强烈的抗议。嘉靖皇帝则给予了更猛烈的还击，不但再次处以廷杖之刑，而且将为首的杨慎、王元正、刘济流放到动荡不安的边疆地区。

杨慎的服刑之地在离京城五千里偏僻荒远、和缅甸接壤的云南永昌卫，就是现在的保山地区。杨慎一路之上不但要风餐露宿，车马劳顿，还要像电影《龙门客栈》中的周淮安一样时时处处提防刺客的毒药和暗箭，因为他老爸杨廷和当年曾经精简锦衣卫，被裁撤的人员中有的怀恨在心，在途中设伏准备加害杨慎，来个父债子还。

手无缚鸡之力的文弱书生杨慎在经历了几个月的千辛万苦，五千里的心惊胆战之后终于满面风尘地到达了目的地，一直紧绷的神经一旦松弛下来，就一发而不可收，杨慎大病一场，数月后身体才逐渐恢复元气。

其实，对于遭受政治打击，流放老少边穷的杨慎来说，肉体的劳苦伤痛抚平起来固然需要一些时日，但真正难以抚平的则是精神上的创伤。

从小在封建礼教环境中长大的杨慎当初是一片忠心、满腔热情地去维护朝廷礼仪和皇家颜面的，却因为和嘉靖皇帝的家庭利益相冲突而先被廷杖后遭流放，远离亲人置身于偏远蛮荒的云南永昌。为什么忠君爱民、遵制守礼之人横遭打击、远戍边荒，而为一己之私违礼悦上的小人却连升三级飞黄腾达呢？世间公理何在？头顶苍天可公？杨慎想不通，实在想不通，一直想不通。

但事已至此，又能怎样呢？彼时彼地的杨慎肯定想起了"亚圣"孟子的那句话："天将降大任于是人也，必先苦其心志，劳其筋骨，饿其体肤，空乏其身，行拂乱其所为，所以动心忍性，曾益其所不能。"于是，杨慎在心情稍稍平静之后决意把流放云南的遭遇当作上天对自己的一次残酷考验，准备"动心忍性"，增加自己不具备的才能，以便将来重返京都，东山再起。

杨慎本就是个乐于读书、勤于著述的人，而且兴趣广泛，经史子集、诗词曲赋、金石书画、天文地理，无所不通，无所不晓。流放生涯虽然对他治国平天下的远大理想是个沉重的打击，却也让他有了足够多的闲暇时间来读书写作，一展其才。

云南永昌地处西南边陲，文化相对落后，能够找到的书籍数量有限，嗜书成癖的杨慎见到什么就看什么，连医书农书也不放过，这大大开阔了他的眼界视野。

在乐读不倦的同时，杨慎以被逐罪臣的身份，凭借自己的阅读、思考、实践、记忆写出了一部部在云南当地具有开创意义的著作，如《南诏野史》《云南通志》《云南山川志》《南中志》等，总数不下几十种。当有人向他请教著述经验时，他经常回答说："资性不足恃，日新德业，当自学问中来。"

好像一切都正在朝着恢复正轨的方向发展，杨慎也一直在期待着回到朝廷，重新开始他的政治生涯，但是，嘉靖皇帝对他的仇恨却没有随着时间的流逝而淡化减轻，一丁点儿也没有。

嘉靖皇帝虽然比慈禧太后早生三百多年，却一直在践行着后者那句惊世名言：谁让我不痛快一阵子，我就让他不痛快一辈子。"大礼议"事件让嘉靖皇帝恨透了父子两代前赴后继反对他的杨廷和与杨慎，杨廷和在嘉靖八年病逝后，嘉靖皇帝就把所有的仇恨都倾泻在了杨慎头上。

嘉靖皇帝经常向有关官员打听杨慎在云南的近况，如果回答是正面的,他的表情就会立刻多云转阴;如果回答是负面的,比如"老病",他脸上则马上多云转晴。嘉靖皇帝在位四十二年,曾经六次大赦天下,可每次都会加上这么一条——杨慎除外。

杨慎得知皇帝如此"牵挂"于他,回京再起的念头便慢慢地淡了,游戏世间、快意人生的意态却越来越浓。读书写作之余,杨慎时常纵酒自娱,醉后便尽情地放浪形骸。

据《乐府纪闻》记述,杨慎"暇时红粉傅面,作双丫髻插花,令诸妓扶觞游行,了不为愧"。想象一下当时那传奇般的场景——一个长须飘飘的大老爷们儿脸上抹着粉涂着红,头上梳着髻插着花,在歌姬的搀扶下一边饮酒高歌一边满街游荡,我们就可以感触到怀才不遇、沉沦的杨慎内心有多么无奈,多么痛苦。

比杨慎稍晚的大画家陈洪绶曾经画过一幅《杨慎簪花图》,作为同时代的大才子,陈洪绶比今人更理解杨慎,他用华丽鲜亮的色彩点染出了主人公内心深切的伤与痛、忧与愁。

杨慎的痛苦不仅来自政治理想的破灭,还来自身为罪臣有家难回的生离死别。父亲去世时,他没能见上最后一眼;孩子的成长,他尽不到父亲的责任;对于忍辱负重、矢志不渝的妻子黄娥,他内心更是充满了内疚之情。

杨慎和黄娥伉俪情深,举案齐眉,虽然远隔千山万水,却时常诗词唱和,互诉衷情,最感人的莫过于杨慎的《临江仙戍江南江陵别内》和黄娥的《寄外》。前者是一阕词:"楚塞巴山横渡口,行人莫上江楼。征骖去棹两悠悠,相看临远水,独自上孤舟。　　却羡多情沙上鸟,双飞双宿何洲?今宵明月为谁留?团圆清影好,偏照别离愁。"后者是一首七律:"雁飞曾不度衡阳,锦字何由寄永昌?三春花柳妾薄命,六诏风烟君断肠。曰归曰归愁岁暮,其雨其雨怨朝阳。相闻空有刀环约,何日金鸡下夜郎?"

嘉靖二十七年,即1548年,在云南边地已经度过二十四年风雨洗礼的杨慎步入了花甲之年。按照《大明律》,年满六十岁的服刑人员可以赎身返家,但是却没有哪个官员敢于受理杨慎的诉求,因为恨他恨到骨头里的嘉靖皇帝还高高在上地坐在北京的龙椅宝座上。

杨慎年近七旬时,在云南当地官员的默许下,到离故乡四川新都较近的泸州友人处小住,不料这个事情被巡抚知道了,巡抚怕嘉靖皇帝降罪于他,赶忙派人将杨慎押回了服刑地永昌。杨慎悲从中来,长歌当哭,写下了那首痛人心肺的《六月十四日病中感怀》:"七十余生已白头,明明律例许归休。归休已作巴山叟,重到翻为滇海囚。"

中国人自古以来就有叶落归根的信仰,大才子杨慎却最终也没有回到他日思夜想的故乡。1559年,即嘉靖三十八年,七十二岁的杨慎在他流放三十五年的云南永昌病逝。离世前不久的一个日子,杨慎回首自己荣辱浮沉、风风雨雨、颠沛流离的人生经历,挥笔写下那首流传至今的《临江仙》:

滚滚长江东逝水,浪花淘尽英雄。是非成败转头空,青山依旧在,几度夕阳红。 白发渔樵江渚上,惯看春月秋风。一壶浊酒喜相逢,古今多少事,尽付笑谈中。

两百年后的曹雪芹曾以这样一首短诗为其心血巨著《红楼梦》做结:"满纸荒唐言,一把辛酸泪。都云作者痴,谁解其中味?"而早他两百年的杨慎则是:"一阕临江仙,两把辛酸泪。都云作者癫,谁解其中味?"

两个吴承恩

假设我们要做一道关于吴承恩的选择题,题干是:下列哪些属于明代大文学家吴承恩的事迹? A项是自幼聪颖好学,诗文闻名遐迩;B项是科举考试多次落榜,五十岁才补到一个岁贡生;C项是任新野县令期间,发展教育,兴修水利;D项是晚年以卖文为生,在贫穷中逝世。您觉得答案应该是两项、三项还是四项呢?又是哪几项呢?咱们不妨先聊聊吴承恩老先生这平凡却又不凡,不幸却又幸运的一生。

吴承恩出生于16世纪的开局之年,当时称为大明弘治十三年(1500年),他的家乡在淮安府山阳县,就是冤死的窦娥所在的那个地方,也就是如今的江苏省射阳县。

就像他笔下的孙悟空一样,吴承恩从小就是个机灵鬼,看起书来过目不忘,一目十行,而且日夜诵读,乐此不疲。长大之后,吟诗作赋,下笔既成。于是文名穿县过府,远播于外,以至于有一个名叫朱应登的认为吴承恩"可尽读天下书",甘愿"以家所藏图史分其半与之"。

所有认识吴承恩的人都觉得，对于他这样的读书种子而言，科举及第犹如俯身拾芥、探囊取物，可是，吴承恩却让他们失望了，他一次次地应试，一次次地落第，如果不是心理素质过硬，恐怕早就变成现实中的范进了。就这样来来回回地考了三十多年（每三年考一次），终于在五十岁那年感动了老天，凭借老资格补了一个岁贡生。所谓岁贡生，就是由地方保送到国立大学读书并领少量工资的廪生。所谓廪生，就是县学、州学和府学的学生。

当时的国立大学只有一个，那就是传说中的国子监，进了国子监，就好比通过了现如今的公务员考试，就有资格入仕做官了。但吴承恩的官运和他的举运一样的不亨不通，至于如何的不顺利，请容许笔者先卖个关子。

五十岁对于吴承恩还有一个更重要的意义，就在这一年他开始写《西游记》了。有朋友肯定会问：为什么这时候才写呢？其实此乃一个自然发酵的过程——吴承恩出于兴趣读了太多关于妖魔鬼怪、怪力乱神的故事，他觉得如果再不择其精华写本书，脑子就要装不下了。所谓厚积薄发应该就是这么一回事吧！

顺便说一下，吴承恩读书成癖却屡试不第可能和他钟爱志怪神话题材有些关系，一是人家科举考试不考这些东西，二是孔子他老人家可是从来"子不语怪力乱神"的呀！

写了《西游记》的前几十回后，吴承恩不得不放下这个他最喜欢的工作，因为老母亲生病了，家里也没有多少余粮了，他得做个小官挣点俸禄来养家糊口。

吴承恩当时担任的是长兴县丞，任职地在如今的浙江省湖州市。虽然这只是个八品芝麻官，但放在当前的官场也算个厉害角色，相当于副县长。

但是，官不是那么好当的，更何况吴承恩骨子里像陶渊明一样有着不为五斗米折腰的精神，所以，在渡过了家里的难关之后，吴承恩就毅然决然地放弃了那众人艳羡的官位，归园田居，回返自然了。

离开樊笼的吴承恩老先生选择了卖文为生，同时继续创作他钟爱的《西游记》，日子虽然清贫，却能一身轻松，自得其乐，长此以往，不亦乐哉！

写到这里，大家应该可以确定前面那个选择题的答案了吧！但是，不该选的 C 项其实也是吴承恩的事迹，只不过这个吴承恩不是写《西游记》的吴承恩，而是循吏吴承恩。循吏者，清廉而有作为之官员也。

循吏吴承恩是安徽桐城人，先后在河南河阴和新野等地做过县令。河阴任上，他筑堤防洪，栽柳垦田，把河堤变成了百里沃土。新野任上，他筑陂堰，修学校，兴水利，多有惠政，直到现在当地百姓都时常怀念他的不朽功德。

清官海瑞的家庭生活

海瑞是历史上著名的清官，人们对他的廉洁奉公、刚直不阿、为民请命、疾恶如仇是非常熟悉的，与此同时却忽略了他和普通人一样也是一个儿子、一个丈夫、一个父亲，正是在这些身份中，我们才可以深入地了解海瑞的性格，才可以真正地走进海瑞的内心。

海瑞出生于海南岛琼山区一个回汉通婚的特殊家庭，他的父亲海翰身上流着伊斯兰民族的血液，母亲谢氏则是一个典型的汉族女性。海瑞的祖父曾经做过县令，不幸的是到他父亲这一代已经沦落到只是一个县学的廪生，大体相当于现在县教育局的小科员。更不幸的是，在海瑞四岁的时候，他父亲撒手人寰，把一对孤儿寡母抛在了世态炎凉的人间。

海瑞的母亲谢氏不是一个一般的女性，她在教子有方上完全可以和孟母、岳母相媲美，甚至于有过之而无不及，可是她对儿子的控制欲太过强烈，和《孔雀东南飞》中的反面角色焦母有一拼。她没有被后人列入四大名母，一个原因是年代较晚，另一个原因应该就是这一点。

在母亲的严格教育下,海瑞从懵懂幼童长成了满腹学识的青年才俊,但海瑞的仕途却颇不平坦,直到三十五岁时才在乡试(古代的省级公务员考试)中得中举人,这不由得让人想起《儒林外史》里的那位范进。范进中举时,家里只有老母和妻子两个亲人,海瑞的情况与之相差无几,所不同的是还有前妻所生的两个女儿。

海瑞的第一个妻子姓许,先后生了两胎都是女娃,这引起了海瑞母亲谢老夫人的极大不满,因为身为独子的海瑞急需一个儿子接续香火。而许氏也不是一个忍气吞声、逆来顺受的女性,在这种情况下婆媳矛盾日渐升级,海瑞作为从小和母亲相依为命的大孝子,始终站在谢老夫人一边。于是,许氏在1546年"以大故出",用现在的话说就是因为没能生出男孩而"被离婚"。

谢老夫人固然不喜欢儿媳妇和她分享儿子的感情,可她更知道海瑞肩负着为海家传宗接代的重任,因此不久她又张罗着给海瑞娶了潘氏。

没想到潘氏比许氏性子还烈,根本适应不了上有严厉挑剔的婆母、中有唯母命是从的海瑞、下有前房所留两个女儿的家庭生活,结果一个月后潘氏和海瑞之间的短暂婚姻就宣告结束了。

此后的事实证明许氏、潘氏只是海瑞生命中的过客,第三个妻子王氏才是他的真命天女。王氏夫人不仅能和婆婆谢老夫人和平共处,而且给海瑞生下了两个宝贝儿子。海瑞的第一个儿子海中砥生于1560年,当时海瑞四十六岁,谢老夫人七十岁。一个是中年得子,一个是老来弄孙,母子二人有多么高兴可想而知。两年后,海瑞被任命为淳安县令,正式开始仕途生涯。这段日子可以说是海瑞生命中最幸福的时光。

顺便说一下,淳安就是现在非常著名的千岛湖风景区所在的那个地方。

就职淳安后不久,海瑞和王氏的第二个儿子海中亮出生了,海家终于摆脱了几代单传的尴尬。

王氏过门后,海瑞的家庭生活似乎正在朝着好的方向发展,但是,事情并没有如此简单。

1564年,五十二岁的海瑞升任北京户部主事,同年,海瑞冒死上疏嘉靖帝批评他骄奢淫逸,迷信巫术,不理朝政,皇帝龙颜大怒,将他打入死牢(后因嘉靖帝驾崩遇赦)。俗话说"福无双至,祸不单行",就在这一年,海瑞的两个儿子先后夭折,夭折原因已不可考,但海瑞、王氏、谢老夫人之悲痛绝望却完全无须考证。

然而,无情命运对海瑞的残酷考验还远远没有结束。

为了完成传宗接代的家族重任,顽强执拗的海瑞在痛失爱子后纳了一个韩姓女子为妾,谁知此女是个薄命红颜,来到海瑞身边三年后就香消玉殒了,而且据说还是非正常死亡。十天后,王氏也在难以摆脱的失子之痛中含恨而去了。几年内遭遇数次沉重打击的海瑞在写给友人的信中说:"每一虑此,万念俱灰,公事之余,痛不欲生。"

一妻一妾十天内相继死亡给政敌攻击海瑞提供了一个"罪证",海瑞因此被贬为闲职,从此再也没有被朝廷委以重任。

海瑞晚年冒着被人恶议好色无耻的风险又纳了一个邱姓女孩为妾，又得了一个儿子。可是，老天爷偏偏跟他过不去，又让这个可怜的孩子夭折了。

在传宗接代这个家族大事上，海瑞努力了一辈子，最后却发现这对于他竟是一个不可能完成的任务，遥想当年海瑞辞世之际，内心该是何其无奈，何等悲凉……

不说话的隆庆帝

老子在《道德经》中曾经这样评价不同层次的领导:"太上,下知有之。其次,亲而誉之。其次,畏之。其次,侮之。"按照老子老神仙的说法,明朝的隆庆皇帝肯定属于太上,即最高层次的领导人。

说起明朝皇帝,大家会想起开国的明太祖,亡国的崇祯帝,残酷的明成祖,荒唐的明武宗,昏庸的嘉靖帝,怠政的明神宗,再往下会想起下落不明的建文帝,土木之变的明英宗,保卫北京的景泰帝,沉迷木器的明熹宗,但很少会提到隆庆帝、弘治帝、明仁宗和明宣宗,可恰恰就是这几位低调的皇帝创造了既兴盛又和平的隆庆之治、弘治中兴和仁宣盛世。

隆庆帝朱载垕的确是一个非常低调的人,低调到不像一个领导,当然更不像一个国家级领导。

隆庆帝的低调是和他成为皇帝前的经历密切相关的,而且这些相关经历笼罩着一个神秘的咒语。

隆庆帝的老爸嘉靖皇帝二十七岁才得到了他的第一个儿子朱载

基,可是他还没从得子的喜悦中回过神来时,那可怜的小皇子就不幸夭折了。嘉靖帝向他最信任的道士陶仲文询问原因,陶道士搬出了"二龙不相见"的神秘理论。为了保证大明江山后继有人,嘉靖帝决定尽最大努力去遵守"二龙不相见"的天意。

三年后,嘉靖帝的次子朱载壑出生。第二年,朱载垕和朱载圳相继出生,嘉靖帝虽然也喜欢自己的皇儿们,但当年的悲剧使他一直在尽力坚守着"二龙不相见"的神秘规定。

在这种情况下,朱载垕兄弟三个一年到头也见不着几回皇帝老爸的面,虽然身边有母亲、祖母和成群的宫女、太监,但谁也不能代替父亲的位置,父爱的缺少对于朱载垕寡言性格的形成应该有着很大的影响。

朱载垕三兄弟就这样在缺乏父爱的环境里长到了十二三岁,到了要出阁讲学的年龄。

所谓出阁讲学就是邀请儒学名臣轮流进宫给皇子讲授儒家经典著作,这是一件非常严肃的事情,需要举行隆重的仪式来宣布它的开始,而且作为父亲的嘉靖帝必须出席。

嘉靖皇帝本来想打破常规不参加皇子们出阁讲学的启动仪式,但经不住皇太后老妈的一次次劝说,最后勉为其难地在这个隆重仪式上现身了。

"二龙不相见"的咒语显然是无稽之谈,但巧合的是,那场仪式结束后,也就是"二龙相见"后,没有多少日子,太子朱载壑就不幸得了一场怪病离世而去了。

第二个儿子的夭折使得嘉靖帝对"二龙不相见"更加深信不疑,他不但把和儿子们的见面次数减到了最低水平,而且还不敢再将谁立为太子了,要知道,皇子是龙,太子更是龙呀!

朱载垕是嘉靖帝的第三个儿子,大哥、二哥夭折后,按理应该立他为太子了,但他却因为"二龙不相见"的神秘说法一直待在裕王的位置上,直到1566年他老爸嘉靖帝驾崩。尽管朱载垕没有被立为太子,皇位继承人却是非他莫属的,因为这时他已是嘉靖帝唯一在世的儿子了。

细数往事,仿佛朱载垕天生就是皇帝命。虽然如此说有"事后诸葛亮"之嫌,但相关历史记载确实值得一提。其一,朱载垕一岁生日时,大人让他玩"抓周"游戏,他从许多好玩意儿里抓出来的是象征皇权的龙旗;其二,嘉靖帝立朱载壡为太子时,太监们错把立储诏书送到了朱载垕的王宫;其三,一直觊觎皇位的朱载圳不幸在嘉靖帝驾崩前一年病逝,朱载垕成了唯一的皇位继承人。

1566年,朱载垕登上帝位,历史上称为隆庆帝或明穆宗。

隆庆帝没有做太子的经历,而且一直生活在皇宫之外,对朝政事务不够熟悉,因此,他成为皇帝后选择了多观察少说话的行事方式,从来不说那些空话套话,把这些机会都让给了大学士和相关官员。

后来,隆庆帝已经对朝廷内外人事心知肚明、了如指掌了,但他仍然保持着遇事沉默少言的执政风格,因为他心底正在确立最适合自己的治国思路,那就是道家的无为而治。隆庆帝之所以做此抉择原因有二：第一，他既不想像伯祖孝宗那样勤劳国事，也不想像父皇世宗那样不理朝政；第二，他身边的大学士徐阶、高拱、张居正都是长于理政、值得信任的臣子。

当今社会有句俗话是"不管领导讲话不讲话，事情该做照做，地球该转照转"，其实隆庆帝早在四百多年前就深刻地意识到了这一点。他尽最大努力少说话，坚决不搞"假大空"的讲话，为大臣们创造了安静自然的工作环境；他自己不扰民，同时严禁官员干扰百姓的农事商业活动，为大明子民提供了简单有效的政府服务；他对军事行动不指手画脚，完全信任戚继光、谭纶、俞大猷、杨博、王崇古、李成梁等名将的指挥能力，不仅成功遏制了倭寇、蒙古和女真的侵略势头，还使得蒙古的俺答汗请求两国交好互通贸易，为边境人民带来了数十年的安定生活。

遗憾的是，就在大明的政治、经济、军事乃至文化都蒸蒸日上之时，隆庆帝不幸因病辞世，谥号"契天隆道渊懿宽仁显文光武纯德弘孝庄皇帝"，虽然皇帝的谥号多有溢美之词，但隆庆帝总体上是受之无愧的。

顺便说一下，大家熟悉的京剧《二进宫》演的就是隆庆帝身后的事情，虽然剧中人物都有原型，比如李艳妃的原型是隆庆帝的李贵妃，兵部尚书杨波的原型是名将杨博，但实际上隆庆帝病逝后政局是和平过渡的，这也证明隆庆帝是一个长于识人、善于用人的皇帝。

对比一下隆庆帝和他的老子跟儿子，总会感叹上天和命运的不公——无视百姓福祉的嘉靖和万历皇帝竟然各自在位四十多年,心中装着百姓的隆庆帝却仅仅享位六年有余。

《明史》对隆庆帝的评价是这样的:"穆宗在位六载,端拱寡营,躬行俭约,尚食岁省巨万。许俺答封贡,减赋息民,边陲宁谧。继体守文,可称令主矣。"令主者,贤德君主也。如果有朋友说此乃明朝人"王婆卖瓜,自卖自夸",那你就完全错了,要知道《明史》其实是清朝人写的。

《二进宫》背后那些事儿

前篇中我们提到的京剧《二进宫》是最著名的戏曲剧目之一，剧中李艳妃、定国公徐延昭和兵部侍郎杨波三人之间的那一大段唱腔可谓脍炙人口，堪称梨园经典。严格地说，这三个人物在历史上是不存在的，但是，他们也并非凭空虚构出来的，我们在明朝中后期嘉靖、隆庆、万历三朝的重要人物中可以找到他们的身影。

《二进宫》讲述了这样一个并不复杂的故事：老皇帝死后，襁褓之中的太子继位，升格为龙国太的李艳妃垂帘听政。李艳妃被图谋不轨的父亲李良蒙蔽，竟然打算把江山社稷暂托老爹执掌，定国公徐延昭和兵部侍郎杨波闻讯赶到龙凤阁严词谏阻，李艳妃执迷不醒，不肯纳谏，双方展开一场激烈争辩，最终不欢而散。当李良封锁了昭阳院，意欲软禁李艳妃和小皇帝时，李艳妃方知李良企图篡位自立，却已是后悔莫及。徐延昭和杨波二人在探视皇陵后二次入宫进谏，早已幡然悔悟的李艳妃遂以国事相托。不久，杨波发动人马，摧毁了李良的夺位阴谋，并将李良斩杀。

纵观明朝二百八十年历史，辅佐幼帝登基的李姓后妃应该只有一位，就是万历皇帝的生母李太后。李太后当年是作为宫女进入裕王府的，那时她只是个十五岁的女孩子。后来，李宫女幸运地得到裕王朱载垕的宠幸，而且还生下了一个儿子，这个男孩就是将来的万历皇帝。嘉靖皇帝驾崩后，朱载垕继位成为隆庆皇帝，已经因生子升为侧妃的李宫女再升一级，华丽转身成为在后宫地位尊贵、举足轻重的李贵妃。

李艳妃有一个老爹名叫李良，李贵妃有一个爸爸大号李伟，李伟虽然不像李良那样心怀叵测，野心勃勃，一心想篡位当皇帝，但似乎也不是什么正面角色。

李伟原本是一个身份低微的泥瓦匠，因为女儿被封为贵妃而摇身一变成了锦衣卫都指挥佥事。后来，外孙万历皇帝即位，李伟晋爵武清伯。不要小看了这个爵位，这可是和大明朝开国名臣刘伯温的诚意伯平起平坐的封爵。十年后，李伟的爵位又升了一级，成了武清侯，而且两个儿子也都被封为都督。

万历初年的时候，作为小皇帝外公的李伟非常活跃，几乎参与了所有的国家大典，而且还在京城郊外大兴土木，建了一座堪称京师第一名园的清华园，据明朝人写的《泽农吟稿》所记："武清侯海淀别业引西山之泉汇为巨浸，缭垣约十里，水居其半。叠石为山，岩洞幽居。渠可运舟，跨以双桥。堤旁俱植花果，牡丹以千计，芍药以万计。"

大约一百年后，康熙皇帝在李伟清华园的旧址建成了熙春园，熙春园在道光时期分成了东西两个园子，西边的园子更名为近春园，东边的园子仍称为熙春园。咸丰登基后将东边的熙春园改名为清华园，这就是现在的清华园前身。

《二进宫》里的老国丈李良的眼中钉、肉中刺是定国公徐延昭和兵部尚书杨波，历史上的老国丈李伟眼中的敌人则是内阁一号人物，万历名臣张居正。张居正是李太后最信任的大臣，她把大明的江山社稷和对万历皇帝的教育都托付给了张居正，这自然引起了她老爹李伟的不满。于是，张居正刚刚执政，李伟就开始找碴儿。当时，国库极度空虚，简直一文不名，张居正只好用库存的胡椒和苏木来抵京官们的工资俸禄，一些作风清廉的小京官家中的经济状况顿时捉襟见肘，陷入吃了上顿没下顿的窘境，甚至还闹出了人命。国丈爷李伟联合驸马爷许从成攻击张居正执行"苛政"，想借此事把张居正拉下马来，好在李太后不是个糊涂人，没有听信她老爹的一面之词，这才使张居正的万历新政躲过了在萌芽状态被毁的噩运。

李伟不但找过张居正的麻烦，还坑害过抗倭名将戚继光。为了讨好国丈爷，蓟州总督王崇光把定做二十万套军用棉袄的业务作为礼物送给了李伟，没想到李伟这老头子心太黑，收了王崇光二十万两银子，却只拿出五万两找人做棉袄，余下的十五万两白银都被他装入了自己的腰包。结果怎么样呢？做出的棉袄严重不合格，根本不保暖，甚者有十九名长城守兵被活活冻死了。作为长城守将的戚继光怒发冲冠，迅速上报朝廷，面对李伟的贪婪造成的人间惨剧，李太后不得不对她老爹做出了罚俸半年的惩处。

以李伟为人物原型的国丈李良在《二进宫》一剧中被兵部侍郎杨波斩杀，但杨波的历史原型杨博实际上早在李伟去世九年前就已经驾鹤西游了，杨博之所以被写入《二进宫》这出名剧，第一个原因是他确实为大明朝的江山社稷做出了突出贡献。

杨博虽然远不如戚继光那么大名鼎鼎，但他在抵御蒙古和西北游牧民族侵扰方面的功绩几乎可以和戚继光的抗倭事业相媲美。

和戚继光不同，杨博是一个进士出身的爱国将领，换句话说，他是一个文武双全的军事人才。

正因为杨博出身文官，他在善于治军、勇于作战的同时，还具有武将中很少见的心细如发、爱民如子的优秀品质。他在跟随大学士巡视"九边"时，对各个边防守备区的山川地势、风俗民情、驻军人数和战斗力都做了非常详细完备的记录，为以后成功守边奠定了一个坚实的基础。后来，他奉命巡抚甘肃，在甘州、肃州等地大兴屯田，招募民众开垦不需交租的荒地，又在农闲时节率领百姓修建军事设施，积极备战，在西北边境形成了一种全民皆兵的社会氛围，使得游牧民族不敢进犯，甘肃境内秩序井然。

不久，杨博因守边有功和揭发贪官仇鸾升任兵部侍郎，同时负责蓟州和保定防务，拱卫首都北京的安全。

嘉靖三十三年，即1554年，十多万蒙古骑兵向蓟州古北口发起猛攻，杨博衣不解甲，枕戈待旦，率领大明官兵全力抵抗，在激战数昼夜后迫使蒙古人退回了草原。

第二年，蒙古人再次来犯，又被杨博击退，杨博因此升任兵部尚书，成了整个"九边"防御体系的总指挥。

杨博在任期间，于边防各地修缮守备设施，构筑城堡墩台，努力堵塞蒙古人及其他游牧民族进入明朝国境的通道，同时兴修水利、屯垦荒田，为边地百姓谋利造福，"九边"各地呈现出一片前所未有的安定繁荣局面。嘉靖、隆庆两代皇帝都对他非常倚重，视之为左右手，他在朝中地位之高于此可见一斑。

另一个原因是杨博有个了不得的老乡。

杨博是哪里人呢？山西蒲州，也就是现在的山西省永济市，这个地方大家是不是觉得很熟悉呢？武圣人关羽关老爷就是在此地出生的呀！能征惯战、文武全才的杨博碰巧和当年威震华夏、夜读《春秋》的关圣人是同乡，于是，在"九边"老百姓的心目中，杨博某种程度上成了忠义关羽的化身，后来则被写入戏文，变身为《二进宫》中的大忠臣兵部侍郎杨波。

和杨波相比，徐延昭的人物原型虽然地位非常高贵，但功业却要逊色一些，并且此原型不是一个人，而是父子两代人，父亲叫徐延德，儿子叫徐文璧。

徐延德是大明开国第一功臣徐达的七世孙，嘉靖八年袭了定国公之爵位，俸禄两千五百石。嘉靖三十年时，徐延德被任命为中军都督府一把手，和杨博一样成了皇帝特别信任的大臣。从名字来看，徐延德和徐延昭非常相似，但徐延德早在隆庆元年就去世了，他不可能出现在万历皇帝继位时的政治舞台上，那个时候的定国公是他的儿子徐文璧。徐文璧并非如戏中的定国公一样是个皓须白眉的老者，而是一个小心谨慎、老成持重的年轻人，这种让人放心的性格使他深受万历皇帝的信赖，以至于万历皇帝曾经数次让他代替自己去天坛祭天。徐文璧既关心国事又爱护百姓，他曾几次给皇帝上书请求早立太子以安天下，也曾多次建议皇帝罢除矿监让利于民，一片忧国忧民之心如日昭昭，苍天可鉴。

那么，为什么写《二进宫》这出戏的人要把剧中的定国公命名为徐延昭呢？其中原因笔者不敢妄加猜测，但有一个事实可以与诸位分享——《二进宫》中有一场非常重要的戏叫"探皇陵"，唱的是定国公和兵部侍郎两位忠臣前往先帝陵前探祭的故事，而先帝隆庆爷的皇陵恰好被称为昭陵。

徐延昭的名字和先帝皇陵的名字恰好共有一个"昭"字，应该不会只是简单的巧合吧？

"药圣"李时珍为什么抱憾而逝

"不为良相,即为良医"是古代知识分子一直尊奉的信念,所以,在历史上先后出现了很多杰出的医学家,其中非常著名的有扁鹊、张仲景、华佗、孙思邈、李时珍等。

咱们今天就来说一说生于湖北的"药圣"李时珍晚年的一桩憾事。

为了完成撰述《本草纲目》的伟大理想,李时珍从他的家乡蕲州(今湖北省蕲春县)出发,走遍了现在的湖北、湖南、江西、安徽、江苏等省的名川大山。在此期间,他参阅了800多部古典医书,对书稿进行了三次大修改,终于在1578年他六十岁时完成了《本草纲目》这部医学巨著。

既然写出了这样一个大部头的医学专著,李时珍当然希望它能得以出版,让更多的人看到它,让它为更多的人造福,但是,《本草纲目》的出版却经历了一个极其艰难而漫长的过程。

为了让《本草纲目》早日刻版印刷,年过花甲的李时珍多次从蕲州跑到湖广行省的中心城市武昌(今属湖北省武汉市)寻找能帮他实现愿望的印书商,但是没有人愿意出版这本医书。

十年的时光就这样无情地流逝,李时珍不觉已经进入了他生命中的第七个十年。

年逾古稀的李时珍不远千里赶到当时的出版业中心南京,期待着能遇见既有眼光又有勇气的伯乐,但他又一次失望而归。

1593年,七十六岁的李时珍积劳成疾,在遗憾中离开了这个世界,他念念不忘的愿望——出版《本草纲目》最终也没有实现……

为什么《本草纲目》这么优秀的医学著作竟然没有人愿意出版呢?因为李时珍在书中写到了当时非常敏感甚至会带来牢狱之灾的一个话题——水银有毒。

在《本草纲目》中,李时珍是这样记述水银的:"温燥有毒","若服之过剂","则毒被蒸窜入经络筋骨","变为筋挛骨痛,发为痈肿疥漏,或手足破裂,虫癣顽痹,经年累月,遂成疾癌,其害无穷"。他还根据魏晋以来服用丹药(主要成分为水银)造成终身残疾的历史事实,驳斥了久服水银可以长生不老的谬论,并意味深长地写道:"方士固不足道,本草其可妄言哉?"

为什么李时珍做出这样的记述会给他自己和印书商带来牢狱之灾呢?

李时珍生活在明朝中后期,而在明朝的十六个皇帝中,竟然有九个曾经服用丹药,其中最为沉迷此道的就是和李时珍同时代的嘉靖皇帝。

李时珍为出版《本草纲目》而四处奔走时,尽管嘉靖帝已经驾崩了三十多年，但他的儿子隆庆帝也服食丹药，他的孙子万历帝对此也有兴趣，所以，李时珍在《本草纲目》书稿中指出炼制丹药所用的水银有毒，乃是冒皇帝之大不韪，当时没有印书商甘愿冒险帮他出版这本书也就在情理中了。

令人欣慰的是，南京的一位名叫胡承龙的印书商认识到了《本草纲目》这部书稿的巨大价值，又正好碰上万历帝多年不上朝的特殊时期，于是，他就冒着危险刻印出版了这部李时珍付出多年心血的医学巨著。

时至今日，《本草纲目》不仅已经传遍了大江南北、祖国各地，还先后译成了日、朝、法、德、英、俄等数国文字，李时珍若身后有知，听到这些好消息，肯定会露出欣慰而满足的微笑。

明末清初

张居正不是个好老师

明朝衰亡始于万历早已是历史界的定论,但据说万历当初也曾是个模范少年、优秀青年。那么,是谁使他蜕变成了一个怠政荒政、贪婪奢淫、祸国殃民的皇帝呢?这个答案很可能会让人们大跌眼镜,因为在很大程度上说正是万历皇帝的恩师、晚明中兴的掌舵手张居正毁掉了当年那个朝气蓬勃、意气风发的年轻皇帝。

万历皇帝大名朱翊钧,是隆庆皇帝的第三个儿子,隆庆二年(1568年)被立为太子。那年他虽然只有六岁,却已经是一个聪明懂事的"小大人"了。

一天,隆庆皇帝在宫中练习骑马,马跑得很快,朱翊钧看在眼里,急在心里,等到父亲停下马时,他仰着小脸说:"陛下是天下之主,小心点,别摔着。"隆庆皇帝见儿子如此懂事,高兴地跳下马来,把儿子抱在怀里,心中甚感欣慰。

万历皇帝的母亲李太后是一位典型的贤妻良母,她对儿子的学习和生活要求非常严格。当时陈皇后正在生病,朱翊钧每天都随母亲李贵妃前去探望,陈皇后非常喜欢他,经常拿来经书考他,他总是能对答如流。朱翊钧的聪明懂事拉近了嫡母陈皇后和生母李贵妃的关系，两宫相处得十分融洽。

朱翊钧被立为太子后，隆庆皇帝便任命内阁大臣张居正为太子太傅，负责太子的知识学习和品德教育。在张居正的严格管教和悉心教导下，朱翊钧学到了不少为君的知识、治国的本领。

令人遗憾的是，朱翊钧还没长大成人，他的父亲隆庆皇帝就驾崩了，留下他们孤儿寡母独自面对正在走向衰弱的大明王朝。此情此景之下，他们只有把所有希望都寄托在既是内阁首辅又是太子太傅的张居正身上。

张居正也感到了自己肩负的责任之重，在努力做好行政工作的同时加强了对年幼新君朱翊钧的教育培养。

为了更好地教育小皇帝，张居正亲自带头编撰了《帝鉴图说》作为十岁小皇帝的教科书。《帝鉴图说》分为上、下两篇，上篇"圣哲芳规"讲述历代正面帝王的励精图治之举，下篇"狂愚覆辙"剖析历代反面帝王的倒行逆施之祸。这部书最大的特色是由一个个小故事构成，每个故事都配有生动形象的插图，特别适合儿童阅读。

同时，张居正还要求皇帝勒紧裤带和老百姓一道过苦日子。他不仅多次向小皇帝提出"节用爱民"、"以保国本"，而且在皇室的奢侈品消费上锱铢必较，寸步不让。

有一次，小皇帝想搞一次元宵灯会，张居正就说："将灯挂一些在殿上，就可以尽兴了。不需要再搞什么灯棚。接下来的几年还有许多大事,比如皇上的大婚、潞王的出阁,每件事都要花很多钱,天下民力有限,还是节省一点好。"小皇帝倒也知趣,说:"朕极知民穷,按先生的话办吧。"

因为害怕浪费灯烛,张居正甚至将为小皇帝安排的晚间课程改到了白天。

万历七年(1579年),小皇帝向户部索求十万金,以备光禄寺御膳之用,张居正据理力争,上疏说户部入不敷出,目前支持已觉费力,"一旦有四方水旱之灾,疆场意外之变,何以给之?"于是,这十万两银子的开支就被免除了。

在张居正的力争下,皇帝搁置了慈庆、慈宁二宫及武英殿的重修工程,停止输钱内库供赏,节省服御费用,削减苏松、应天织造等,明皇室的奢侈消费现象有所收敛。

张居正对于小万历并非只有冷峻严格的一面,他在高标准、严要求的同时也有着慈父般无微不至的关爱,因此,小皇帝对师相张居正特别尊敬,平常称呼他的时候不直呼名号,而是恭恭敬敬地称其为"先生",所下诏令凡提及张居正的地方都用"元辅"以表敬意。

在生活上,小皇帝也投桃报李,对张居正充满了人情味。万历二年(1574年)五月八日,小皇帝在上完讲读课后,听说张居正正闹肚子了,就亲手调制了一碗能缓解腹痛的辣面,并让次辅(即内阁二把手)吕调阳陪着张居正一块儿吃。有一次,小皇帝听说张居正的父母都还健在,非常高兴,特意赐给两位老人很多礼物。

在小皇帝心目中,张居正虽然有些过于严格,却仍然是一个令人尊敬的老师,有着高大伟岸的形象,但当他长大成人、初谙世事时,他渐渐听到了一些关于张居正的风言风语,这些传言透露给万历皇帝一个可怕的信息——他的恩师张居正是个"两面人"。

张居正在生活作风上的确是一个这样的人。

张居正要求皇帝节约俭省,他自己却奢侈浪费,大摆排场。以万历五年(1577年)张居正回乡葬父为例,他当时坐的是三十二个轿夫抬的特制大轿,里面有客厅有卧室,还有专门给他扇扇子纳凉的小僮;沿途地方官员对他要郊迎郊送,还要呈上奠金(数量自然不会少);在各地驿馆用餐,经常于山珍海味之间无从下箸;一路之上为他护驾的是一支非常特殊的卫队,其装备比国家正规军还要精良,他平时生活如何,于此可见一斑。

张居正要求皇帝不可沉湎酒色,他自己身边姬妾成群,有正式编制的姨太太就达七个。

万历皇帝当时并不能确定他的老师张居正到底是不是像有些大臣所说的那样既生活奢侈又好色,但他心目中张居正的高大形象正在一点点崩塌。

1580年,万历皇帝已经十八岁了,再也不是当年那个懵懵懂懂、毫无心机的小孩子了,亲政的欲望和流言的影响正在一天天地膨胀着他对张居正的质疑和不满。张居正好像也感觉到皇帝看他时的眼神渐渐有了变化,敌意的色彩越来越浓,自己经常如芒刺在背般忐忑不安,于是,他上交了辞呈,请求告老还乡,颐养天年。

万历皇帝本来是想客套地挽留一下就让张居正走人,但一直对张居正给予了无限信任的李太后却既不放心"嘴上无毛,办事不牢"的儿子皇帝,又舍不得十几年来心心相通、相濡以沫的张先生,她的态度明确而坚决:"三十岁前不要提亲政的事,一切听张先生的安排。"这无疑进一步增加了万历皇帝对张居正的反感。

两年之后,五十七岁的张居正因为工作劳累和过度纵欲病逝家中,万历皇帝还算厚道,没有立即翻脸,而是为他曾经非常尊敬的师相辍朝一天,并且给予了张居正很高的待遇:谥文忠,赠上柱国衔,荫一子为尚宝司丞,赏丧银五百两。

张居正死后,先后有几位监察御史上书弹劾他"交结恣横""宝藏逾天府""贪滥僭奢,招权树党",万历皇帝知道张居正对大明做出过贡献,仍然想给老师留点面子,便下诏曰:"姑贷不究,以全终始。"

1582年八月,监察御史羊可立弹劾张居正构陷辽王,同时辽王妃上书为辽王辩冤,并说辽王府的大量家产被张居正据为己有、中饱私囊了,于是万历皇帝不得不下令查抄张府。

查抄的结果证实了万历皇帝以前听到的各种流言,这些流言像一把巨锤把万历皇帝心中有点倾斜的张居正的高大形象哗啦啦砸了个稀巴烂——张居正身后的张府被查没的财物折合起来近二十万两白银,另外还有良田八百万亩。虽然张居正身为一品大员,但他的月俸也不过八十七石米(明朝官员俸禄比较低),即使他不吃不喝,一生的薪俸加起来,也只有两万两白银。其他数额巨大的不明资产,自然是贪污受贿而来。

彼时彼刻，万历皇帝感到了一种前所未有的莫大的悲哀，原来自己这十几年来一直傻傻地被张首辅蒙在鼓里，而且还被忽悠得团团转，原来那个满口仁义道德的张先生竟然装了一肚子的男盗女娼。他觉得自己受到了巨大的莫名的侮辱，无论如何也甩不掉、洗不清、摆脱不了的侮辱。

老师张居正的自身不正、言行不一最终使学生朱翊钧产生了极其强烈的逆反心理——既然你当老师的说一套做一套，对人严对己宽，我当学生的干吗要按照你说的去做？你不是让我节俭吗？我偏偏要奢侈！你不是要我勤政吗？我偏偏要怠政！在这种心理的支配下，万历皇帝越走越偏，最终从一个意气风发、锐意进取的新君沦落为三十年不上朝不理政而且贪婪至极的一代昏君。

明朝衰亡始于万历，而万历则毁在他的老师张居正手里，因此，我们可以说张居正的确是晚明中兴的伟大推手，但同时他也是大明衰亡的幕后黑手之一。作为最高级动物的人的复杂性、矛盾性在张居正身上释放得，淋漓尽致，足以令后人惜之，叹之，思之，鉴之……

一言难尽的三娘子

在内蒙古自治区首府呼和浩特市,有一组可以作为这个城市标志的雕塑。雕塑中的人物是一男一女,二人并驾齐驱,谈笑风生。男的威风凛凛,神采飞扬;女的英姿飒爽,倾国倾城,令观者心生敬仰羡慕之情。他们是谁呢?他们就是呼和浩特城的缔造者,传说中郎才女貌的神仙眷侣——蒙古族英雄俺答汗和他的爱妻三娘子。

俺答汗是16世纪后期蒙古土默特部的重要首领,在他的带领下,土默特部控制了以河套地区为中心的广大领域,后来又征服了青海北部的大片草原。在他的要求下,明朝在北部边境开设了十多处互市,明蒙之间的贸易迅速发展起来,两国之间保持了几十年的和平友好局面,在这段时期内,土默特部的经济和文化获得了前所未有的进步。

为了重温大元朝曾经的辉煌,俺答汗在河套地区的中心地带仿照当初的元大都建起了归化城(蒙古人称为库库格屯,意为"青色的城"),这座城市就是现在的呼和浩特。

俺答汗的"革命伴侣",得力助手三娘子是蒙古瓦剌奇喇古特部首领哲恒阿哈的女儿,奇喇古特部就是日后回归祖国的土尔扈特部。她自幼"骨貌清丽","资性颖异",长大后博学多才,深明大义,是一个美丽脱俗、智勇双全的奇女子。

三娘子关爱百姓,希冀和平,力主和明朝修好,在边境开设互市,归化城主要就是在她的主持下建成的。俺答汗死后,三娘子执掌军政大权三十余载,继续致力于发展和明朝的经济文化交流,成了汉蒙和平友好的象征和保护神。在此期间,边境互市上出现了"醉饱讴歌,婆娑忘返"的繁荣景象。

如果我们留意一下俺答汗和三娘子的年龄,会发现他们并不像传说中那样是一对郎才女貌的神仙眷侣,因为生于1507年的俺答汗足足比生于1550年的三娘子大了四十三岁。换句话说,当三娘子以二十岁的芳龄嫁给俺答汗时,这位大汗已经是年过花甲的老头子了。

然而就俩人间的关系而言,还有比年龄差距更可怕的事情,这和三娘子的身世有关。

据《北虏三娘子列传》记载,三娘子"本俺酋(即俺答汗)之甥女",这就有两种可能:一种可能三娘子是俺答汗的姐姐或妹妹的孩子;另一种可能三娘子是俺答汗女儿的孩子,即他的外孙女(看到这儿,各位是不是已经大跌眼镜了)。而《万历武功录》中的《俺答列传下》和《两朝平攘录》中的《三娘子传》则说得更加明白——三娘子乃"俺答外孙女","俺答长女哑不害所生也"。第三种说法来自《明史纪事本末》,在这本书中,三娘子嫁给俺答汗之前的身份是"宣大伎",

就是活跃在宣府（在今河北西北）和大同的一名乐伎。

这几则史料中，最可信的应该是年代最早的《万历武功录》，也就是说，三娘子很可能是俺答汗的外孙女。若果真如此，二人之间的婚姻关系绝对有违伦理，其不宜程度远远超过人们熟知的唐玄宗和杨贵妃的翁媳恋。这桩怪异婚姻的责任当然应该由俺答汗来负，三娘子是其中的受害者。

俺答汗不仅生前强占了三娘子的青春年华，还在死后把三娘子抛入了万劫不复的痛苦深渊。

1582年，俺答汗去世，三娘子不得不按照蒙古族的风俗做了俺答汗长子黄台吉的夫人。黄台吉死后，三娘子又被迫嫁给了他的儿子扯力克。虽然三娘子生活得并不快乐，但她依然为汉蒙两族和睦相处、友好往来鞠躬尽瘁，直到晚年病逝亦不改初衷，在中华民族的历史上留下了一抹永不消逝的亮色。

《木府风云》男主人公的真实人生

在电视剧《木府风云》中，男主人公木增的人生经历可谓险象环生，跌宕起伏，大悲大喜。那么，在真正的历史上，木增是怎样的一个人呢？他走过了一条怎样的人生之路呢？

在进入正题之前，先说一说木府的由来，这是一个有趣的小故事。

木府是丽江木氏土司衙门的俗称，大体相当于现在的自治州政府。木氏家族世袭丽江土司始于元朝时期，但那时他们并不以"木"为姓，而是实行纳西族传统的父子连名制。

朱元璋建立明朝后，丽江纳西族土司阿甲阿得在"识时务者为俊杰"精神的感召下，于1382年"率从归顺"，丽江终于回到了中央政府的怀抱。朱元璋大喜过望，将自己的"朱"姓去掉一撇一横，变成"木"字，以之钦赐阿甲阿得家族为姓。从此，纳西族第一家族就姓木了，于是，"木府"这个名称就产生了。

木府在获得皇帝钦赐的汉姓之后，历代土司都非常崇尚汉族的儒家文化，并且努力学习吸取借鉴，一百多年后，丽江木府已经成了一个诗书传家、文化底蕴深厚的高贵家族,《明史》中有这样的记载:"云南诸土官知史书,好礼守义,以丽江木氏为首。"

木增的父亲木青和他的先辈一样痴迷汉族文化,不但能赋诗填词,而且写得一笔好字。但遗憾的是,他最喜爱的不是积极入世的儒家文化,而是消极出世的道家文化,崇尚隐士的木青最终看破红尘,在1587年,他二十九岁时,飘然隐入巍峨神秘、白雪皑皑的玉龙雪山。不久,木青在山中辞世,把丽江土司的重任留给了只有十一岁的儿子木增。

屋漏偏逢连夜雨,木府正处于一片悲愁之中的时候,江北乡城的土著民族趁机起来造反,并且扬言要向丽江进军。消息传到木府,木氏家族并没有被突如其来的变故吓倒,他们化悲痛为力量,决心为了丽江的和平和木氏的基业出兵平叛,拼死一战。

虽然木增当时只有十一岁,但充满勇气和智慧,在亲人的鼓励下,他带领将士们雄赳赳,气昂昂,跨过金沙江,冲上平叛的战场。

在战场上,木增精神抖擞,英气勃发,"丈夫未可轻少年",战斗打响时,他亲自擂鼓助威,激励士气。众将士见幼主如此英勇无畏,都深受鼓舞,热血沸腾,一个个高声呐喊,奋勇杀敌,一鼓作气把叛匪从现在的四川赶到了西藏的东南角,叛匪从此一蹶不振,再也掀不起什么风浪了。

乡城平叛不仅消除了丽江木府的和平隐患,而且扩大了木府的统治范围,同时也巩固了幼主木增的土司之位,为他将来一心一意治理丽江、发展丽江铺下了一条平坦顺畅的大道。

木增从小就是一个才华颖异的孩子，在崇尚汉族文化的家庭环境熏陶下，他小小的年纪就熟读四书五经、经史子集，七八岁已能吟诗作赋、挥毫泼墨，而且他志向高远，一直以振兴丽江、为民造福为己任。

成年之后的木增，大概就是《木府风云》刚开始时的年纪，他大力发展丽江及其属地的经济事业，在滇西北的南坪、中甸、维西、宁蒗和四川木里、西藏盐井等地开发银矿、铜矿、金矿、铁矿、盐矿等，《木府风云》中有关木府金矿的情节大概就来源于此。木增又兴修水利，引种稻谷，让百姓能够丰衣足食，造福后人，给百姓们创造更好的生活条件。

在发展经济的同时，木增还把眼光投向了文化视野。他聘请文化发达地区的文人学士到丽江传授以儒学为主的汉族文化，而且选派聪明智慧的纳西子弟去内地负笈求学，开阔眼界。为了更广泛更深入地接受汉族文化，木增建起了"玉嵩书院"和"万卷楼"，不惜重金、不遗余力地搜集收藏各类文化典籍，丽江城一时之间成了广大西南地区的文化中心。

木增本人交友甚广，和当时（晚明时期）的许多文艺界、科技界名人，比如地理学家徐霞客、大画家八大山人、书法家董其昌等都有书信往来。徐霞客在丽江考察游览时，木增特意请他到家中指导其子木懿学习文化，以"窥中原文脉"。需要说明的是，徐霞客和木增都出生于1587年，是同龄人，并非像《木府风云》所演的那样一个已垂垂老矣，一个正青春年少。

和他的父亲木青一样，木增内心也有着对道家隐居生活的由衷向往，当他看到丽江经济繁荣，百姓安乐，文化昌明，而儿子木懿也已长大成人之时，坚毅果决地选择了功成身退，把土司之位传给儿子木懿，自己追随父亲生前的踪迹到玉龙雪山的支脉南芝山隐居，开始了"看庭前花开花落，望天外云卷云舒"，淡泊宁静、读书治学的后半生。

木增一生著有《云薖集》《空翠居录》《云薖淡墨》等七部诗文集，诗作一千余首，是纳西族历史上成就最高的文学家。

俗话说，一个成功的男人背后一定有一个伟大的女性，木增的妻子阿勒邱就是这样的一个女子。

和《木府风云》中所演的不同，阿勒邱一开始就是木增的正妻，但她的出身的确比较卑微。据说阿勒邱原是丽江远郊一个天生丽质的牧猪女孩，与微服远游的木增一见钟情，但是，因为这对恋人门不当户不对，木增克服重重困难才成功把阿勒邱娶进木府。

阿勒邱不仅勤谨能干、理家有方，而且敬老爱幼、扶贫济弱，全家老小、阖府上下没有人不对她交口称赞、爱戴有加。久而久之，整个丽江都知道木府有一位聪明、善良、勤劳、贤惠、美丽、高贵的阿勒邱夫人，她的美名传遍了丽江的每座山峰，每条江河，每个村寨。

随着时间的流逝，人们渐渐忘记了阿勒邱的特殊身份，阿勒邱这个名字慢慢成了纳西族最美女性的代名词，成了纳西族妇女心中最崇高的女神。

黄宗羲杀人

黄宗羲是明末清初三大思想家之一，同时他还是教育家、经学家、史学家、地理学家、天文历算学家。黄宗羲德高学广，著作等身，他的《明儒学案》《宋元学案》《明夷待访录》等著作在文化史上占有重要地位，被誉为"中国思想启蒙之父"。如果说黄宗羲这样一个大思想家曾经有杀人未遂的经历，您是否会相信呢？但这是白纸黑字记载的历史事实，而且是个充满正能量的故事。

1628年，刚刚即位不久的崇祯皇帝凭借自己的智慧和魄力一举扳倒了祸国殃民、作恶多端的魏忠贤，朝廷风气为之一清。远在江南的一个年轻人听到这个消息后，心情无比振奋，他终于等到了云开日出的时刻，终于看到了命运的曙光。

这个年轻人就是黄宗羲，当时他只有十八岁。

黄宗羲的父亲黄尊素是在两年前含冤惨死的。

黄尊素是万历四十四年（1616年）的进士，天启二年（1622年）升任御史。他疾恶如仇，忠直敢言，多次上书弹劾专权误国的大宦官魏忠贤，恳请明熹宗"进贤退不肖"，整顿吏治，因此成了以魏忠贤为首的阉党的肉中刺、眼中钉。魏忠贤深受昏君明熹宗信任,一手遮天,对黄尊素进行了一连串的打击报复,先是削去了黄尊素一年的俸禄,后又将他削职为民,赶回原籍,最后指示手下李实、曹钦成等罗织罪名,把黄尊素打入了深牢大狱。

黄尊素被捕后,受尽了严刑拷打,始终坚贞不屈,表现出了一个士大夫的高尚气节。敌人黔驴技穷、丧心病狂之际,黄尊素感觉到看押他的狱卒要对他下毒手,就要来纸笔,写下了一首视死如归、忧国忧民的绝命诗:

> 正气长留海岳愁,浩然一往复何求。
> 十年世路无工拙,一片刚肠总祸尤。
> 麟凤途穷悲此际,燕莺声杂值今秋。
> 钱塘有浪胥门目,惟取忠魂泣髑髅。

天启六年(1626年)六月初一,黄尊素在狱中被害,年仅四十三岁。

黄尊素有五个儿子,每个都聪慧不凡,才华出众,前三子更是被尊为"浙东三黄",最厉害的当然就是长子黄宗羲。

黄尊素被害的噩耗传来,十六岁的黄宗羲看着痛不欲生的母亲和尚未成年的弟弟们,心中充满了仇恨和悲痛。但当时大明朝的国家机器控制在魏忠贤和他的阉党手里,作为一介书生,黄宗羲要想报仇雪恨,只能把刻骨的悲和恨埋在心底,艰难地活下去,期待着有朝一日满天乌云终会散去。

两年之后，魏忠贤被崇祯皇帝绳之以法，得到消息的黄宗羲当即怀揣铁锥赶往京城为冤死的父亲申冤告状。

魏忠贤倒台后，当初狐假虎威、不可一世的阉党分子大多沦为牢狱中的囚犯，那些公堂上的被告，其中就包括双手沾满黄尊素鲜血的奸佞之徒。

古时的交通远不像现在这么方便发达，当黄宗羲历尽千辛万苦从江南赶到首都北京时，他的第一仇人，阉党头子魏忠贤已经伏法。于是，黄宗羲直接上书崇祯皇帝请求诛杀严惩李实、曹钦程等阉党余孽。

黄宗羲刚到京城时，刑部正在庭审以许显纯、崔应元为首的一帮阉党分子，这两个家伙也是迫害黄遵素的凶手，黄宗羲就到刑部大堂和他们当庭对质。

黄宗羲见了许显纯、崔应元两个仇人，双眼霎时间充满了血丝，心中的愤怒和仇恨像奔腾的江水一样滚滚而出。当许、崔二贼不肯认罪、强词狡辩时，黄宗羲再也控制不住满腔愤恨，掏出藏在衣袖里的锥子，冲到许显纯面前朝对方猛扎，许显纯躲闪不及，浑身上下被扎得像血葫芦一样。主审官喝令不准在公堂上动用武器，黄宗羲便转过身来摁住崔应元的脑袋，狠狠地拔他的胡须，崔应元疼得杀猪般嚎叫不止。主审官知道黄尊素死得冤枉，黄宗羲报仇心切，对公堂上发生的事情也就睁一只眼闭一只眼，等到他制止黄宗羲时，崔应元的胡子几乎被拔光了，这下可真对得起"阉党"二字了。

不知什么原因,刑部在审理黄尊素冤狱案时漏掉了一条大恶鱼,这个家伙不是别人,正是黄宗羲心中的第二仇人(第一仇人当然是魏忠贤)李实。

正当李实暗自庆幸自己逃脱了一道生死劫时,传来了黄宗羲把他告上法庭的消息。李实急得像热锅上的蚂蚁转来转去,最终决定"大出血",和黄宗羲来个私了,只要黄宗羲答应不和他当堂对质,就送上黄金三千两。

黄宗羲自然不会被仇人的黄金打动,他将计就计,把李实企图花重金让他封口的丑恶行径在刑部大堂公之于众。

原以为"有钱能使磨推鬼"的李实惊得魂飞魄散,目瞪口呆,嘴巴怎么合也合不上了。黄宗羲一边大呼"李实现在还能公然行贿,他的辩解怎么能够相信",一边飞奔过去,掏出锥子向仇人狠扎猛刺……

黄宗羲为父报仇、痛打奸佞的消息传遍了京城的大街小巷,老百姓们都被他的孝心和勇气感动了,称许他为"姚江黄孝子"。崇祯皇帝听说他的事迹后也深表同情,称赞他为"忠臣孤子"。

虽然黄宗羲为父申冤报仇时只有十八岁,但他身上已经充分表现出了"亚圣"孟子所提倡的大丈夫本色——富贵不能淫,贫贱不能移,威武不能屈。如果作为一代大儒的黄尊素身后有知,他也应该为拥有这么优秀的儿子而露出由衷的微笑了。

董其昌：有才无德第一人

在中国历史名人中，有才无德的人虽然不多，也还是有一些的，比如西晋大诗人、帅哥的代表人物潘岳，比如宋体字的创始人、卖国贼秦桧，比如写得一手好字的大奸臣严嵩。但要选出一个最典型的有才无德的家伙，那非明朝大书法家、大画家董其昌莫属。

董其昌的才华不是一般的高，他在中国书法史、美术史上都有着非常重要的地位。

董其昌的书法综合了晋、唐、宋、元各家风格，自成一体，飘逸空灵，风华自足，为晚明四大书法家成就最高者，其书法风格与书学理论对后世产生了重大的影响。在绘画上，董其昌广泛吸取古人优长，抉精探微，其作品取得了超越古人的艺术成就，不仅当时声望显赫，名满天下，而且对清代以来的画坛影响极大。

董其昌的德行不是一般的差，他的恶行引发了一场史无前例的农民运动。

实事求是地说，董其昌并非一直是个坏蛋，他早年也曾是一个善良谦恭之人。董其昌初入翰林院时，翰林学士田一俊去世，因为一生清廉，身后萧条无钱还乡，董其昌便自告奋勇，告假护送前辈灵柩回到数千里外的福建老家。

但是，在官场经历了几十年的沉浮起落、尔虞我诈之后，告老还乡的董其昌已经成了父老乡亲们不认识的另外一个人。

董其昌在为官生涯里积累了不少的钱财，同时他的书画也给他带来了不计其数的财富，所以，回乡养老的日子里，董其昌过的是骄奢淫逸、人间天上的放浪生活。

名动天下的大书法家大画家董其昌回到老家后，松江地区（今上海市）附庸风雅的官僚豪绅和腰缠万贯的豪商巨贾纷纷挤进董府，请他写字、作画、鉴赏文物。于是，董其昌的财富像旋风一样发了疯似的上涨，一举成为松江首富，据说他的家族拥有良田万顷、游船百艘、华屋数百间，比《红楼梦》中的荣宁二府有过之而无不及。

在良田美宅上，董府和贾府确实旗鼓相当、不相上下，但就娶妻纳妾而言，贾府的老爷们却根本不能望董其昌之项背——贾赦、贾政、贾珍最多也就三个老婆，人家董其昌可是依红偎绿，妻妾成群，而且还要老牛吃嫩草。

万历四十三年，即1615年秋天，已经年过花甲的董其昌看中了贫苦佃户的女儿绿英，就派媒婆前去说合，正值青春年华的绿英不愿意为了金钱"舍身陪老朽"，董其昌得到回信儿后勃然大怒，就命令二儿子董祖常带人冲进绿英家中，强行把绿英抢到董府。

明朝末年，高官巨贾歌舞升平、醉生梦死，穷苦百姓朝生暮死、无以为生，正是杜甫笔下"朱门酒肉臭，路有冻死骨"的真实再现，董其昌的恶行最终引爆了贫富悬殊这颗威力无比的炸弹。

据《民抄董宦事实》载，绿英被抢走之后，愤怒的百姓在薄暮时分（书中记载为"酉时"）以两卷油芦席为引火点着了董府的大门，"夜西北风微微，火尚漫缓，约烧至茶厅，火稍烈，而风比前加大，延及大厅，火趁风威，回环缭绕，无不炽焰"。总而言之一句话：月黑风高夜前，董家抢了人；月黑风高夜里，百姓放了火。

大火足足烧了一夜，董其昌府第内的亭台楼阁、花草树木、金银财宝、古玩字画都付之一炬，损失殆尽。因为开始时火势不烈，董其昌一家才侥幸逃得了活命。

不客气地说，董其昌不但应该庆幸熊熊大火中死里逃生，还应该庆幸他死得早，没赶上大明王朝土崩瓦解、清朝铁骑侵入江南那段生死存亡、见证忠奸的历史。否则，他这个有才无德之辈很可能会在"还乡劣绅"之外再戴上一顶"汉奸卖国贼"的帽子。

孙承宗：不应忘却的著名将领

说起明朝后期的著名将领，大家会想起戚继光、郑成功，会记起袁崇焕、史可法，但是有一个人的功业和气节并不在他们之下，在历史上却没有他们那样的鼎鼎大名，他就是堪称"抗清保明老黄忠"的孙承宗。

1563年，孙承宗生于河北高阳，他寒窗苦读三十余载，四十岁时才苦尽甘来得中进士，随后进入翰林院任职。

1620年，年近花甲的孙承宗被万历皇帝任命为皇长孙朱由校的老师，小皇孙很喜欢这个白须飘飘的老爷爷，孙承宗无意中等来了"野百合的春天"。就在这一年，万历皇帝和随后继位的泰昌皇帝在一个月内先后驾崩，朱由校在群臣拥护下登基称帝，历史上称为明熹宗。

当时正值大明和后金（即后来的清）在辽东地区长期对垒的历史阶段，孙承宗作为皇帝信任钦佩的老师，经常以钦差大臣的身份出使辽东。忠君爱国的孙承宗对边防事务非常关注，经常深入兵士百姓之间了解军心民情，从而积累了充足的第一手军事资料。

1622年，报国心切的孙承宗自请督师蓟辽，踏上了"壮志饥餐胡虏肉，笑谈渴饮匈奴血"的浩荡征程，这一年他已经是花甲之际的老人，随风飞舞的皓发银须令人肃然起敬，钦佩不已。

孙承宗到任后，抚恤百姓，精简军队，修建亭障，垦荒屯田，不但有力地阻击了努尔哈赤的进攻，还给大明赢得了养精蓄锐的机会。在督师辽东的四年里，孙承宗前后修复九座大城、四十五座堡垒，招练兵马十一万，建立十二个车营、五个水营、两个火器营、八个前锋后劲营，制造甲胄、器械、弓矢、炮石等军事装备无数，开疆扩土四百里，屯田五千顷，年收入银十五万两。同时他和天津巡抚李邦华、登莱巡抚袁可立遥相呼应，携手御敌，于是"中朝宴然，不复以边事为虑矣"。

正当孙承宗和袁可立准备凭借数年之养精蓄锐向后金展开大反攻时，北京的朝廷却发生了大变动。明熹宗完全被大宦官魏忠贤给迷惑了，什么事都交给这个家伙最后定夺，反对宦官干政的东林党人遭到强烈压制，一批仁人志士相继被逐出京城，结果阉党势力遍布朝堂，猖獗肆虐，不可一世。

孙承宗对宦官向来是不冷不热的。宦官监军到辽东狐假虎威、作威作福，孙老爷子只以茶水相待。魏忠贤知道孙承宗德高望重，派亲信宦官与他交结，他在会见时面沉似水，一言不发，魏忠贤因此怀恨在心，时刻伺机报复。

1625年，孙承宗部下大将马世龙误信降将造成将士伤亡，魏忠贤趁机指使他的阉党大肆弹劾孙承宗，孙承宗眼见皇帝被奸人蒙蔽，朝堂上乌烟瘴气,一时间心灰意冷,自请辞职回到了故乡高阳。

1628年,明熹宗驾崩,他的弟弟朱由检即位,是为崇祯帝。崇祯皇帝坐上皇位后,以迅雷不及掩耳之势剿灭了魏忠贤和他的阉党,大明政坛气象为之一新。遗憾的是,内贼易除,外贼难攘,关外的后金铁骑依然在东北和北部边境虎视眈眈,这时他们的领头人已从努尔哈赤变成了他的儿子皇太极。因为努尔哈赤死在名将袁崇焕的大炮之下,皇太极以为父报仇的名义发起了更加凌厉的进攻。

皇太极最终用反间计使得崇祯皇帝把袁崇焕投入了大牢,随后对明朝都城北京展开合围之势。强敌入侵,无人统兵之际,崇祯帝想起了曾经成功御敌于国门之外的孙承宗,便一纸诏书将这位老帅从高阳召到了危机四伏的北京城,年近古稀的孙承宗又一次承担起了救国安民的历史重任。

孙承宗赶到北京后,亲自带领二十七名勇士连夜奔往情势紧急的通州,在当地军民的支持下,以勇气和智慧守住了北京的东大门。

此后,孙承宗凭借自己的威望团结各方力量,打退了西面的清军,收复了东边的遵化、滦州等四座城市。崇祯帝龙心大悦,封赏之余将蓟辽前线的军务都委任给了孙承宗。

崇祯皇帝性格中有着刚愎自用的一面,这意味着他习惯于推诿责任。当一年半后孙承宗的一支军队(带兵将领之一是吴三桂的父亲吴襄)因为地方官的干预打了败仗时,崇祯帝就借着大臣们的弹劾对孙承宗展开了批评,孙承宗在朝廷舆论的压力下被迫再次辞职回乡。

孙承宗回到故乡高阳后，仍然难以割舍对蓟辽前线的牵挂，他给崇祯帝写了一封长信，提出了十六条建议，可他等了又等，等了又等，却连一个字的回复也没有收到，对皇帝再次意冷心灰的老帅只好把满腔报国激情都放在教导子侄孙辈上，让他们在用功读书的同时习练武艺，时刻准备着抗敌御侮，保家卫国。

1636年，后金把国号改为清，实力更加强大，势力更加猖獗。

此后的第二年，清军绕过长城南侵，不久进入孙承宗的故乡高阳，并且向高阳城发起了猛烈进攻。

孙承宗这时已是七十多岁的老人，但他不顾年老体衰，毅然带领子孙们登上城楼，和城内的军兵百姓一起守城抗敌。不幸的是，高阳地处平原地带，而且城小兵少，最终被兵势正盛的贼军攻破。城破之日，孙承宗面朝北京拜了三拜，而后从容自缢而死。他的五个儿子、六个孙子、两个侄子、八个侄孙在战斗中先后为国捐躯，正可谓：

一腔热血守蓟辽，
满门忠烈保家乡。
虽无青山埋忠骨，
名照汗青万古芳。

导致明朝灭亡的那只蝴蝶

1979年,美国气象学家洛伦兹在华盛顿美国科学促进会的一次讲演中提出:一只蝴蝶在巴西扇动翅膀,有可能会在美国的得克萨斯引起一场龙卷风。他的演讲和结论给人们留下了极其深刻的印象。从此以后,所谓"蝴蝶效应"之说就不胫而走、名声远扬了。

有意思的是,若用"蝴蝶效应"这一理论解读历史,也是有其意义的。今天,我们就来找找导致明朝灭亡的那只蝴蝶。

1644年三月十九日,中国干支纪年的甲申年,李自成起义军浩浩荡荡开进大明帝国的都城北京,真正成了孤家寡人的崇祯皇帝在煤山(今北京景山)的歪脖树上自缢身亡,享国近三百年的大明王朝终于寿终正寝、入土为安了。

毋庸置疑,闯王李自成担当了明王朝掘墓人的历史角色,换了张献忠或者高迎祥,他们不见得能够完成这一伟大而又艰巨的任务。那么,我们不禁要问:当年李自成为什么要造反呢?是什么把李自成逼上了梁山呢?李自成加入起义军其实是一个历史的偶然,这个偶然与崇祯初年一次小小的驿站改革密切相关。

驿站是我国古代的通信机构，相当于现在的邮局，同时兼有政府招待所的职能。明朝时期，驿站机构已经相当完备，堪称世界第一。当时驿站密密麻麻遍布全国，驿站工作人员数以万计。政府传递信息确实极为方便，但是，驿卒们的工资在晚明时期成了政府的一个不小的负担，因为朱明王朝此时已是千疮百孔、奄奄一息了。

即位后的第三年，崇祯皇帝为了节省财政开支，采纳一个官员的建议，颁下一道圣旨，宣布裁撤全国各地的驿站。金口玉言的皇帝上嘴唇一碰下嘴唇，成千上万的驿站小公务员就都下岗失业没了生活来源，而李自成就是其中的一员。在饿死和造反之间，他最终选择了后者。从历史的角度看，对于李自成来说，裁撤驿站是不幸，更是幸运，但对于大明王朝却只能是万劫不复的厄运的开始。

那么，到底是哪个官员给崇祯皇帝提了这个最终导致明朝灭亡的绝命建议呢？

此公名唤毛羽健，一个不错的名字，可惜人不怎么样。毛羽健当时在朝中担任御史，负责监察百官，给皇帝提意见。为什么说这位毛御史不怎么样呢？因为他建议裁撤驿站并非出于忠君爱国、为国纾难的公心，而是出于大大的私心，出于一桩风流公案引发的火气。

这场风流公案可是精彩得很！

毛御史是个一等一的"妻管严"，可是又实在耐不住偷腥的欲火，于是就趁老婆大人回乡探亲的空当，在北京偷偷摸摸纳了个小妾。俗话说"纸里包不住火"，"若想人不知，除非己莫为"，这段风流事最终还是传到了老婆大人的耳中。

正当毛御史和小妾如胶似漆、难解难分之际，老婆突然从天而降，几个大嘴巴落下来，打花了小妾的粉脸，打歪了老毛的鼻子，打碎了二人的一场春梦。

河东狮之所以能够腾云驾雾般从遥远的老家赶到京城大发雌威，是因为她"乘传而至"，用现代话说，她是坐着驿站的高速马车（当时的规矩是沿路各站的驿马轮流上路，马歇车不歇）回来的。

因为偷腥挨了老婆打的毛御史心里窝囊得能吐出一个臭鸭蛋来，但他面对河东狮可是敢怒不敢言。毛御史没有足够的勇气跟家里的一把手叫板，只得把一肚子怒火发泄到驿站上，于是他给大明朝的一把手——崇祯皇帝上了一本，夸大其词地诉说驿站之害，并建议裁撤全国各地的驿站。正因为财政入不敷出而脑袋发胀头疼不已的崇祯皇帝当即拍板通过了，于是，李自成失业了、挨饿了、造反了，最终，大明朝被这个愤怒的前驿站工作人员给灭了。

显而易见，这桩风流公案就是那只导致明朝灭亡的蝴蝶，我们的寻找至此已经水落石出，真相大白。

如果毛羽健这只猫儿不偷腥或者他偷腥而不惧内，他就不会那么仇恨驿站，意欲除之而后快；如果没有裁撤驿站之举，李自成就不会因失业愤而加入造反者的行列；如果李自成没有被"逼上梁山"，就不会有后来的闯将、闯王，就不会有李闯王进北京，崇祯皇帝上吊自杀。但是，历史不能假设，一桩风流事最终断送了大明朝。

李自成的第一次婚姻

闯王李自成和他的夫人、巾帼英雄高桂英堪称天造地设、珠联璧合的一对佳偶,在明末清初的风云变幻中共同写下了令人羡慕也让人遗憾的一段历史传奇。殊不知,高夫人并非李自成的原配,李自成的第一次婚姻是非常失败的——他的老婆邢氏红杏出墙,和一个名叫高杰的部下一起背叛了他。

那么,这究竟是怎么一回事呢?邢氏和高杰的结局又如何呢?

在陕北流传着一句话叫"米脂的婆姨绥德的汉",有趣的是,高杰和李自成一样是米脂的汉,可能力并不比绥德的汉差,他们在历史上留下的身影可以作证。

尽管高杰不是宋江那样的起义军领袖,但他像宋江一样既有名又有字还有诨号(即绰号)。宋江姓宋名江字公明,江湖人称及时雨;高杰则姓高名杰字英吾,军中呼为翻山鹞。

高杰的绰号翻山鹞是个非常典型的江湖称谓,既可以让人记起梁山上的扑天雕李应、摩云金翅欧鹏,又可以让人想到入云龙公孙胜、混江龙李俊、跳涧虎陈达,但从他日后所做的事情来看,他在李自成军中的地位可能相当于负责护卫中军大帐的吕方、郭盛或孔明、孔亮。

如前文所言,高杰也是陕北米脂人,乃李自成最早的跟随者之一。他能征善战,颇有谋略,深受李自成信任,因此得以跻身义军重要将领之列。

俗话说"英雄难过美人关",一等英雄李自成难逃此列,二等或三等英雄高杰更是如此。

虽然根据《明史》记载,李自成"不好酒色,脱粟粗粝,与其下共甘苦",但这并不能否定他喜欢美女,否则他也不会将美貌的邢氏纳入他的帐内了。

关于邢氏是否花容月貌、沉鱼落雁,《明史》没有明说,但是完全可以推断得出。《明史》对于高杰有这样一句评价,道是"为人淫毒",试想一个贪淫好色的男人所勾搭的女人可能不是美女吗?不可能,而且肯定是大美女。

那么,高杰和邢氏是怎样暗通款曲、巧度陈仓的呢?

原来邢氏不仅貌美,而且"武多智",可谓既有颜值,又有智商,还有超高的武力指数,因此深得李自成喜爱,负责"掌军资,每日支粮仗",正是扑天雕李应在梁山上担任的那个角色,然后碰巧就和翻山鹞高杰一见生了私情,两双眼睛互相对上了。

高杰和邢氏怎么对上眼的呢?《明史》中是这样描述的:"(高)杰过(邢)氏营,分合符验。(邢)氏伟(高)杰貌,与之通……"

用现在的话说,一天,高杰到邢氏驻扎的军营领取后勤物资,邢氏在验证高杰的兵符印信时，无意间一抬头不禁有了惊艳的感觉，心里好像有只小鹿在温柔地到处乱撞，为什么呢？因为高杰是一个人高马大、仪表堂堂的大帅哥，高杰对邢氏的感觉应该有过之而无不及，因为他"为人淫毒"，在私德上是个西门庆式的人物。

但是，即使高杰喜欢邢氏胜过邢氏喜欢他，他也不敢轻举妄动，因为邢氏乃是他的顶头上司李自成的女人。所以，最后还是邢氏放下身价，主动发起了对高杰的攻势。"男追女，隔座山；女追男，隔层纱"，面对邢氏的月貌风情，高杰最终选择了"牡丹花下死，做鬼也风流"……

高杰是个冲锋陷阵的武将，却并非四肢发达、头脑简单的赳赳武夫，他沉浸在邢氏的温柔乡里时，心中始终在给自己和情人找退路。最后，他于次年八月带着邢氏和他手下的军队投降了曾经的敌人大明朝。

实话实说，投降后的高杰对得起大明朝，大明朝也对得起高杰。

高杰归降朝廷后凭借战功升到了副总兵。1644 年，崇祯帝自缢，南明建立，他因拥立之功跻身新朝重臣之列，又开始了抵抗大清铁骑入侵的新战斗。1646 年在睢州（今河南省商丘市）中计被汉奸杀害。

高杰被害时，李自成也许已经不在人世，也许正隐居在深山古刹中，如果他有机会得知昔日情敌的最终结局，不知会发出怎样的感慨……

崇祯皇帝的六副面孔

我们习惯于将古代帝王分为明君（如唐太宗李世民）、昏君（如宋高宗赵构）、能君（如明成祖朱棣）、庸君（如清文宗奕詝,咸丰帝）、仁君（如汉文帝刘恒）、暴君（如秦始皇嬴政），而明王朝的最后一个皇帝明思宗朱由检却很难用一个名号来盖棺论定，因为这位皇帝既有能君业绩，又有庸君形状；既有明君风采，又有昏君行径；既有仁君姿态，又有暴君手段，是个极其复杂、难以捉摸，有着六副面孔的人物。

能君业绩

天启七年（1627年）八月二十二日，荒唐了一辈子的明熹宗朱由校一命呜呼，临死前他同意将帝位传给弟弟信王朱由检。八月二十四日，朱由检正式即皇帝位，这就是历史上的崇祯帝。尽管他只有十七岁，但比他哥哥要成熟得多。当时，朝政大权把持在以大太监魏忠贤和熹宗奶妈客氏为首的阉党手里。最初几天，双方是在紧张而微妙的气氛中度过的，表面一切如故，相安无事，背后已是剑拔弩张，一触即发。

九月一日，魏忠贤变被动为主动，提出辞去东厂职务以试探新帝的反应，崇祯帝不动声色，没有批准。次日，客氏提出出宫，这次崇祯帝没有客气，立即表示同意。九月二十五日魏忠贤给皇帝上疏请求停止为他建造生祠的活动，崇祯帝的批复不温不火："以后各处生祠，其欲举未行者，概行停止。"这样一个顺水推舟之举，便终止了朝野上下齐拍魏忠贤马屁的不正之风，而又不致引起魏阉的恼怒。崇祯帝还不断地嘉奖阉党人员，他心中明白，这一切早晚都会"吃了我的给我吐出来"。他在静静地等候时机，同时暗暗地削弱魏忠贤的势力。

政治斗争是非常微妙的。倒魏的导火索最终竟然是由魏忠贤的党羽点着的。天启七年（1627年）十月十三日，御史杨维垣上疏弹劾兵部尚书崔呈秀（魏忠贤的得力干将），却美化魏忠贤，这摆明了是丢车保帅、李代桃僵之策。静候了七天之后，崇祯帝决定罢免崔呈秀，让他回老家待命。这一举动等于是掀开了倒魏的大幕。嗅觉灵敏的官员觉察到政治局势的新动向，于是揭发弹劾魏忠贤的奏疏接连不断呈到皇帝眼前。于是，崇祯帝立即开始行动，命令太监当着魏忠贤的面宣读了列举他十大罪状的奏疏。魏忠贤吓破了胆，第二天就请求辞去官职，得到崇祯帝的允许。十一月初一，崇祯帝再次将魏忠贤贬往中都凤阳祖陵司香。

然而，魏忠贤是过惯了有权有势生活的人，出京时竟然还牛烘烘地带着卫兵一千人、大车四十辆。一个戴罪宦官竟然还敢如此飞扬跋扈,这无疑进一步刺激了崇祯帝敏感的神经。于是,他接着下了一道圣旨,命锦衣卫将魏忠贤缉拿回京。十一月初六,在阜城县南关的旅舍中,亲信散尽的魏忠贤自缢而亡,客氏被押往浣衣局乱棍打死,客、魏两家子孙都掉了脑袋。

从此,树倒猢狲散,清算魏忠贤余党的行动迅速展开。崇祯二年(1629年)三月十九日,阉党终于被一网打尽,崇祯帝就这样不动声色、沉着老练地除掉了权倾朝野的魏忠贤。

明君风采

除掉阉党之后,崇祯帝亲自选拔了一批大臣,还下诏甄别被魏忠贤杀害或削夺职权的官员,该平反的平反,该起用的起用,一时之间朝廷风气焕然一新,京畿内外民心大快。

崇祯帝即位后,自奉特别节俭。他亲自带头穿浆洗过的旧衣,将许多金银制品都拿到银作局化掉充饷。由于国家财政困难,他多次减少皇帝开支,遣散宫中大批宫女。崇祯帝没有特殊嗜好,吃穿住用一概不讲究,声色犬马统统不沾身。

崇祯帝的勤政超过了任何帝王,工作起来不分昼夜。平时白天在文华殿批阅奏章,接见群臣,晚上在乾清宫看奏章,军情紧急时他连续几个昼夜不休息。同时,一道道诏谕传遍天下,罢除了为皇室服务的一切不急之役,与民休息;撤回了天下镇守太监,严禁宦官干政,严禁官员结交太监;向边镇发去银两,安定军心;诫谕官僚结党,建立完备的监察制度。这一道道诏令在帝国臣民心中唤起了希望。

在用人方面，崇祯帝虽然没有做到"疑人不用，用人不疑"，但颇具慧眼，他提拔任用的袁崇焕、洪承畴、吴三桂、郑成功、史可法等都是兼具文才武略，足以独当一面的杰出人物。

崇祯帝是个有远大抱负的皇帝，如果不是生在明朝末年，如果从他哥哥明熹宗手中接过的不是一个烂摊子，他可能会做出一番令人称颂的业绩来，但此时的明朝已经病入膏肓，无药可治了，他的所作所为也就自然透出一种强烈的悲剧意味。

昏君行径

崇祯帝以一己之力除掉魏忠贤一事，显然让他对于自己的政治才能产生了过高的估计。他在此后十余年的统治中，事事独断，事事亲为，过度迷信自己的能力。这样，他的自信，慢慢地变成了自负，变成了刚愎自用，并进而一意孤行。一旦败之，就文过饰非，拉个大臣当替罪羊；侥幸成之，则越发自负，越陷越深。

陈新甲一案就充分体现了崇祯帝的虚伪、昏庸和冷酷无情。

松锦失守之后，崇祯便想和清军议和，以便专心对付起义军。兵部尚书陈新甲暗中与皇帝筹划讲和。一日，崇祯派亲信又送一道亲笔诏书给陈新甲，催他尽快设法议和。陈新甲不在家，那人便将密诏留在了书案上，陈家的书童误以为是普通的《塘报》(各省驻京人员所抄录的一般性上谕与奏章)，就拿出去交给各部门传抄。这样一来，皇帝暗中主持和议的事就公开了出来，群臣哗然，立刻上奏章反对。崇祯帝无法抵赖，恼怒之余下旨：陈新甲着即斩决，理由是流寇破城，害死皇帝的亲藩（李自成破开封，烹杀福王），兵部尚书应负全责。

被崇祯帝冤杀的大臣绝不止陈新甲一人，而且往往是干正事的被杀，不干正事的下场还好一点儿。一代名将袁崇焕是明朝后期最有能力、最忠君爱国的大臣，但他的结局也是最凄惨的。冤杀袁崇焕是崇祯帝犯下的最严重、最不可饶恕的错误。

当初，崇祯帝是非常信任袁崇焕的，任命他为兵部尚书兼右副都御史，将整个对金（即后金，清朝前身）的防务都交给了他。袁崇焕也没有辜负皇帝的期望，打了很多漂亮仗，使明朝的劲敌努尔哈赤在宁锦兵败后连伤带病郁郁而死。

1629年十月，皇太极率领几十万后金军绕道直扑明朝都城北京。镇守辽西的袁崇焕得到情报，立即率领明军赶到北京，与敌展开激战。此时，魏忠贤的余党散布谣言，说后金军绕道进京完全是袁崇焕引进来的。皇太极也利用在北京城下俘虏的两个太监陷害袁崇焕，他在军营中广泛散布与袁督师有约在先的谣言，并故意让那两个太监听到，然后放了他们。这两个太监回到宫中便把听到的秘密消息报告给了崇祯帝，昏庸的崇祯帝竟然深信不疑，立即下令逮捕了袁崇焕。两个月后，后金军队撤走，崇祯帝下令将袁崇焕凌迟处死，从而自毁长城，导致明朝败局一发而不可收拾。

暴君手段

崇祯帝1627年即位，次年改元崇祯。就在崇祯元年，陕西北部爆发了大规模的农民起义,一时间波诡云谲,风起浪涌,大明王朝疲于应付,回天乏力。除了内患,还有万历以来长期存在的外忧:后金汗国的不断侵扰。

在这样的严峻形势下,军事领导特别是兵部尚书的职位就变得异常重要,同时也尤其难当,而崇祯帝喜怒无常,动辄诿过于人的性格更使将领尚书们战战兢兢、如履薄冰,崇祯帝暴君的一面在此也显露无遗。据说崇祯朝任兵部尚书或挂兵部尚书衔的近二十人中,除卢象升殉国、洪承畴降清外,竟全部死于崇祯的旨意。其中虽有几个该死之人,但往往是功劳越大,死得越惨,令忠臣心冷,叫敌人拍手称快。

崇祯帝最残忍、最嗜血的行为就是凌迟处死了一代名将袁崇焕。凌迟,就是俗语中的千刀万剐,是历史上最最残酷的刑罚。仅此一案就足以把崇祯帝钉在暴君的耻辱柱上。

崇祯帝的残忍在明朝灭亡的最后时刻又一次暴露出来。1644年三月,李自成的起义军攻入北京城。大势已去的崇祯帝送走三个皇子后,下令皇后和所有的妃嫔统统自裁,自己提着剑发疯似的四处乱砍。在砍死几个妃嫔后,他来到了长平公主居住的寿宁宫,一边声嘶力竭地大喊"你为何生在帝王之家!"一边挥剑砍下,长平公主顿时血流如注,倒在血泊之中。之后,崇祯帝又去昭仁殿杀死了昭仁公主。

庸君形状

崇祯帝并不是不想把国家治理好,但他没有足够的治理国家的能力,犹如小学生没有写出博士论文的能力一样。他精力充沛,沾沾自喜于自己明智的措施,但发脾气的时候也不可理喻。他对自己的错误永远有动听的掩饰,绝不寻求更正,却渴望他的部下歌颂他英明。

崇祯帝深知宦官的弊害,所以当权后立即把阉党清除。但他不久就发现只有宦官最忠贞,于是一切恢复原状,而且更变本加厉,大量地派出"监视宦官"到各军区,各重要城市去监视主管首长,这种行径完全是他刚刚撤销的监军制度的复活。

虽然崇祯帝自认"非亡国之君",但面对已呈燎原之势的农民起义军和强悍好战的关外铁骑,却束手无策,无力招架,只有仰天长叹,痛哭流涕的份儿,完全是一副庸君的模样,当年剿除魏阉集团时的沉稳老练、冷静自信都跑到爪哇国去了。

1644年初,李自成逼近北京,京师局势日益危急,而此时明朝国库已经告罄,根本无力御敌。崇祯帝只得下令勋爵百官捐助,可这些有钱的主儿到这时都一把鼻涕一把泪地哭穷,根本不理会亡国将至。折腾了一个月,崇祯帝仅弄到区区二十万两白银,而大顺军进城后,从文武百官、太监贵族手中搜出的金银多达两千余万两。

对于一个连文武百官都管不了的皇帝来说,要想打败造反者、战胜入侵者注定是镜花水月,注定是痴人说梦,注定是不可能完成的任务。

仁君姿态

实事求是地讲，崇祯帝还是有一些爱民之心的。即位之初，他就颁布诏令，与民休息，停止为皇家服务的土木营造、织造烧造、珠宝采办等活动，取消受灾地区的徭役赋税。他还不断地宣布"减膳""撤乐"，削减后宫开支，减轻百姓负担。可惜，在他统治的中后期，内忧外患搞得他焦头烂额，心力交瘁，再也没有心思关心子民的疾苦、百姓的死活了。

就在崇祯帝自缢煤山（即现在的景山）之前，他的爱民之心又一次迸发出来，在内衣上留下了这样的遗言：……我死后没有面目见祖宗于地下，请去掉我的帽子衣服，把头发披到我脸上。任凭逆贼割裂我的尸体，不要杀伤人民一人。

直到这时，崇祯帝才想起他的百姓子民，可惜为时已晚，百姓们看到他的遗言，顶多会在评价他时加一点同情分，而绝对不会对他心存感激。

从即位时和临死前爱民之心的两次凸显，我们可以看到崇祯帝性格中非常突出的一面：易于冲动。容易冲动的人是不适合搞政治的，不用说当位于政治巅峰的皇帝，更何况当千疮百孔、植物人似的晚明的皇帝了。

叶赫老女：她引发了中国的特洛伊战争

提起满族的叶赫那拉家族，我们首先会想到的是导致中国积贫积弱、战乱频仍、民不聊生的慈禧太后，殊不知，早在二百年前的明朝末年，就有一个来自叶赫那拉部落的女子在东北的白山黑水间掀起了一场场的部族战争，几乎所有和她发生过关系的部落都很快在战争的狂涛巨浪中遭遇了灭亡的噩运。更值得一提的是，这个女子是满洲空前绝后的惊世大美女，比年轻时的慈禧太后绝对是有过之而无不及，如果说哪一个历史人物可以与她相比，那么，答案应该是引发了著名的特洛伊战争的古希腊美女海伦。

这个充满传奇色彩的女子就是令努尔哈赤一生引以为恨的叶赫老女。

曾经建立过大金国的女真族在明朝时期分成了三部分：建州女真、海西女真和东海女真，建州女真占据着现在的黑龙江省和吉林省东部；海西女真生活在黑、吉两省的中部地带；东海女真即野人女真，分布在黑龙江以北、乌苏里江以东的广阔领域。叶赫老女所属的叶赫部是海西女真四个部落中最强大的一部，于是，这个身为部落公主的绝世美女就在某种程度上拥有了"皇帝的女儿不愁嫁"的心理优势。

1591年，也就是大明万历十九年，叶赫老女刚刚九岁，在当时却已到了谈婚论嫁的年龄，但是，这场婚姻实际上是一个密谋已久的大阴谋。

叶赫老女的父亲、叶赫部首领布寨一直想吞并实力较弱的哈达部，但又不愿为此发动大规模的战争，于是就上演了一出里应外合的美人计。哈达部的一把手歹商垂涎叶赫老女的美色，而歹商的手下孟格布禄则垂涎他的首领地位，布寨一面满脸含笑地隆重款待着前来求婚的歹商，一面却派人去跟孟格布禄商定了最终的杀人夺位计划。

成亲的日子到了，歹商喜气洋洋地带着大队人马，驮着金银珠宝从哈达部到叶赫部来迎亲了。当他们行至一个险恶路段时，遭遇了叶赫部和孟格布禄军队的袭击，结果，歹商还没见着美人的面就把性命丢在了半路上，叶赫老女名义上的第一桩婚事就这样收场了。

就在海西女真发生内讧的这一年，已经统一了建州女真各部的努尔哈赤开始了统一整个女真族地区的战争。为了和士气正盛的努尔哈赤对抗，布寨又一次抛出了叶赫老女这张王牌，这次她把女儿许给了乌拉部的首领布占泰，条件是乌拉部同意由他担任海西各部联军的盟主，并且帮助他拉拢更多的部落入伙参战。最后，布寨和布占泰等人组建了九部联军，浩浩荡荡地向努尔哈赤发起了进攻。

努尔哈赤具有杰出的军事指挥才能，而九部联军却是"军合力不齐"的乌合之众，双方在古勒山下一交手，胜负即已见分晓，叶赫老女的老爸布寨在混战中不幸阵亡，未婚夫布占泰则被建州军生擒活捉。布占泰被释放回到乌拉部后曾经要求叶赫部履行婚约，但已长大成人的叶赫老女心高气傲，不肯下嫁败军之将，于是这桩婚事就不了了之了。

古勒山之战让叶赫部元气大伤，叶赫老女的哥哥布扬古慑于努尔哈赤的强大势力，不得不同意了对方的求婚，把妹妹许给了杀父仇人。但后来由于明朝政府的干涉，努尔哈赤一直没能迎娶他觊觎已久的满洲第一美女，这成了他一生中的一大遗憾，以至于后来起兵反明时将此事列为明朝给他造成的"七大恨"之一。

其实，早在和努尔哈赤订婚后的第二年，叶赫老女与她的哥哥就在明王朝的庇佑下取消了跟杀父仇人的婚约，他们向天下发出通告，庄重承诺谁能够杀死努尔哈赤为他们的父亲报仇，谁就可以成为满洲第一美女的丈夫。这个时候，有一个不自量力却又色欲熏心的家伙站了出来，表示愿意为了娶到叶赫老女向努尔哈赤发起挑战。谁呢？就是曾经和叶赫部联手杀死歹商的哈达部首领孟格布禄。孟格布禄哪里会是努尔哈赤的对手，双方一过招前者就被后者俘虏了，而且很快被砍掉了脑袋。

按说有了孟格布禄的前车之鉴，就没有人敢再来蹚叶赫老女这"红颜祸水"了。然而，好色不要命的却大有人在，第一个来步孟格布禄后尘的是辉发部的首领拜音达理。拜音达理本来已经与努尔哈赤的女儿定下了婚事,当他得知满洲第一美女征婚报杀父之仇时,竟然撕毁了和努尔哈赤家族的婚书,把对方从岳父一下子变成了敌人。别说是一代枭雄努尔哈赤,就是一般人也忍受不了这样的侮辱,拜音达理的下场也就可想而知了——不但没有吃到天鹅肉,连老巢都被努尔哈赤给端了。

如果说孟格布禄和拜音达理是跳梁小丑,那么下面要出场的这个色鬼连小丑都算不上了,不是别人,正是曾经被叶赫老女严词拒绝过的败军之将,乌拉部首领布占泰。布占泰也和努尔哈赤家族有姻亲关系,努尔哈赤把自己的四女儿和一个侄女都嫁给了他,而且是在他落难的时候。但是,这个家伙一听说满洲第一美女在征婚,就和拜音达理一样,暗中把矛头转向了岳父大人努尔哈赤。努尔哈赤觉得自己这个老丈人当得简直是天下第一窝囊,他盛怒之下亲自带兵前去复仇,三下五除二就把乌拉部给灭了。

此时历史已进入了万历三十六年,也就是1608年,万历十年出生的叶赫老女已经二十六岁了,在古代已经算大龄未婚女子了,自然成了万人瞩目的焦点,她之所以被称为叶赫老女就是这个缘故。好在叶赫老女有着满洲第一美女的头衔,所以虽然她不再是风华正茂的少女,虽然她让一个个觊觎其美色的男人国破家亡、身首异处,却仍然有数不清的追求者接踵而来,东蒙古暖兔部落首领之子吉赛就是其中之一。

吉赛应该早就爱慕叶赫老女了,但自觉能量不够,所以一直没有前来求婚。到1615年时,暖兔部的实力有了一定的发展,而叶赫老女已是三十三岁"高龄",于是,吉赛就鼓足勇气到叶赫部求娶满洲第一美女了。然而,他还是碰了一鼻子灰——叶赫老女根本看不上他,坚决拒绝和他缔结婚约。这边吉赛正在为得不到美人垂青而恼羞不已,那边得到了消息的努尔哈赤却一脚踢倒了大醋缸——好你个吉赛!竟敢抢我的女人!努尔哈赤大怒之下发出战书,扬言要到叶赫部和吉赛一决高下。叶赫老女的哥哥布扬古本来想以妹妹做饵诱使吉赛去攻打努尔哈赤,没想到却把战火烧到了自家门前,他急得如热锅上的蚂蚁,转过来转过去不知如何是好。

真是天无绝人之路,就在这个时候,东蒙古的另一个部落,喀尔喀部的首领之子莽古尔岱来向叶赫老女求婚了,而叶赫老女对他似乎也没什么反感,布扬古像抓住了救命稻草一样,忙不迭地把妹妹嫁给了"来得早不如来得巧"的莽古尔岱。努尔哈赤正在为叶赫老女没有看上吉赛深感欣慰时,却又得到了满洲第一美女嫁到喀尔喀部的"噩耗",但一来喀尔喀部势力大不好惹,二来生米已经煮成了熟饭,他也只好无可奈何地感叹一声:"天要下雨,她要嫁人,由她去吧!"

要说叶赫老女也是个薄命红颜,好不容易觅得了一个不错的郎君,而且努尔哈赤也没有满怀醋意地横加干涉,按理该像童话中那样过上永远幸福快乐的生活了,可是,她的"永远"太过短暂,嫁给莽古尔岱还不到一年就香消玉殒、含恨而去了。

至此,满洲第一美女的传奇人生画上了一个并不完美的句号,但是她对叶赫部的影响却远远没有结束。

叶赫老女的猝然离世让努尔哈赤永远失去了得到满洲第一美女的机会，这成了他心底拂之不去的永远的痛，三年后他以"七大恨"为名起兵反明时，其中的第四恨就是"明越境以兵助叶赫，俾我已聘之女，改适蒙古"。既然已经跟明王朝撕破了脸皮，努尔哈赤也就不再顾忌朱明皇帝对叶赫部的庇护，第二年就亲自率兵灭掉了早已是强弩之末的叶赫部。

据说叶赫老女的哥哥布扬古，也就是叶赫部最后一任首领在被努尔哈赤缢杀时，曾对天发誓："我叶赫那拉就算只剩下一个女人，也要灭建州女真。"这是否是历史上的真实一幕我们不得而知，但我们可以肯定的是，二百年后，大清朝在慈禧太后的手中一步一步走向衰亡，最后在隆裕太后手里彻底覆灭，而这两个女人都来自叶赫老女所属的叶赫那拉家族。

夏完淳：我用生命向青春致敬

三百六十多年前，神州大地上曾经有一位空前绝后的奇男子，他英勇就义时年仅十六岁，但已经是名震江南的抗清将领、文坛领袖、诗国翘楚，他用自己短暂而辉煌的生命谱写了一曲华彩而悲壮的青春之歌，他就是明末清初的少年英侠夏完淳。

崇祯四年，即1631年，江南的松江府华亭县（今上海市松江区），一个健康可爱的男孩出生在江南名士夏允彝家中。三十五岁的夏允彝中年得子，欣喜异常，给儿子起名为陈复，乳名端哥，意在希望儿子端端正正做人，正正端端行事，光宗耀祖复兴大明，陈复就是日后的夏完淳。

那时的大明朝真的亟须复兴，因为内有闯王造反，外有清兵压境，正值生死存亡之秋。夏允彝是一个关心国事、充满爱国热情的士大夫，他家中来往的客人也多是与他志同道合、惺惺相惜的仁人志士，比如大诗人陈子龙，复社领袖、《五人墓碑记》的作者张溥。父辈们的信仰抱负、才华学识都对夏完淳的成长产生了非常深刻的影响。

夏完淳天资颖异，超拔脱俗，从小就表现出了神童的素质，他五岁会读经史，七岁能作诗文，九岁就写成了第一部诗集《代乳集》。崇祯十七年，即1644年，十三岁的夏完淳已经初步具有了报效国家的能力，可就在这一年，大明朝土崩瓦解、寿终正寝了。先是李自成的大顺军攻进北京，崇祯皇帝自缢煤山，继而清朝挥师入关赶走了农民军，把北京定为首都，并且很快占据了长江以北的广大土地。第二年，清兵大举渡江南下，向不肯臣服于异族统治的江南人民挥起了早已被鲜血染红的屠刀。夏完淳跟随父亲夏允彝和老师陈子龙在东海边的松江城举起了猎猎的抗清大旗，誓与清朝敌酋血战到底，决不屈服。但是，清军毕竟在兵力和武器上占有绝对优势，松江义军根本抵挡不住敌人的猛烈进攻，最终松江城破，夏允彝悲伤过度，投水殉国。夏完淳虽然只有十四岁，却深知"留得青山在，不怕没柴烧"的道理，他成功脱逃后，加入了吴易领导的太湖义军，担任军事参谋，矢志不渝地坚持着反清复明的青春梦想。

令人遗憾的是，太湖义军不久被势头正盛的清军包围，几乎全军覆没，夏完淳凭着年轻人的充沛体力和从小练就的水上功夫幸运地避过清军的视线，从湖中的义军大本营游到了岸边。为了躲避敌人的追捕，夏完淳登陆后没有回家，而是到了位于嘉善的岳父家里。面对残破的大明河山，追怀受挫的复国大业，夏完淳不禁心潮翻滚，悲从中来，他满含热泪写下了一篇荡气回肠、震烁古今的长文——《大哀赋》，后世将其与南朝大文豪庾信的《哀江南赋》并称为赋中"双峰"。

《大哀赋》虽名"大哀",却通篇洋溢着少年英雄夏完淳"待从头,收拾旧河山","乾坤重照,日月双悬"的抗敌豪情和复国壮志,而他此后的人生轨迹则与这篇宏文的慷慨悲壮之风相吻合。

在舟山群岛立足的南明鲁王政权听闻了夏完淳父子反清复明、取义成仁的事迹后,派密使前来表示慰问表彰,赐谥夏允彝为文忠公,并授予夏完淳中书舍人之职。夏完淳将谢表和反清志士名册交给密使,希望密使向鲁王汇报松江抗清事宜,转达他的拳拳爱国之心。不巧的是,密使在海边候船时被清军逮捕,很快被押送到了松江提督吴胜兆那里。幸运的是,密使有惊无险,安然过关,因为吴胜兆不是一个一般的清朝官员。

身为汉人的松江提督吴胜兆早就对高高在上、颐指气使的清朝贵族颇为不满,收编了部分反清武装,军事实力有所增强后,不满情绪越来越强烈,最终他决定另起炉灶,联合南明鲁王政权开展反清活动。就在这个当口,他的手下抓获了来松江表彰夏完淳的鲁王密使。接下来,吴胜兆和南明鲁王约定双方来个里应外合拿下松江,而后继续西进北上,不料鲁王的军队被台风所阻,没能在约定的日子如期到达,糊涂的吴胜兆在孤立无援的情况下竟然决定照旧起事反清,结果不仅自己兵败身死,还连累了夏完淳。

吴胜兆是在南京被杀的,当时负责此案的是南京总督军务、著名大汉奸洪承畴。洪承畴派人去吴胜兆处抄家,发现了被鲁王密使遗漏在那里的夏完淳的谢表,于是,夏完淳在嘉善被捕,而且即刻解往南京。当时,夏完淳正准备渡海南下到鲁王处东山再起,共图大业，却因为没能早走一步而青春梦断，遗恨终生。

在南京总督府的大堂上，夏完淳见到了他曾经十分仰慕，如今却不屑一顾的洪承畴。

洪承畴摆出一副长者的样子，一见面就对夏完淳展开了劝降："童子何知，岂能称兵叛逆？误堕贼中耳！归顺当不失官。"夏完淳气宇轩昂地站在大堂上，丝毫不为所动，他假装不知道眼前人就是大汉奸洪承畴，高声答道："我闻亨九（洪承畴字亨九）先生本朝人杰，松山、杏山之战，血溅章渠。先皇帝震悼褒恤，感动华夷。吾常慕其忠烈，年虽少，杀身报国，岂可以让之！"两旁站立的衙役告诉他堂上就是南京总督洪承畴时，夏完淳冷笑一声，怒斥道："亨九先生死王事已久，天下莫不闻之，曾经御祭七坛，天子亲临，泪满龙颜，群臣呜咽。汝何等逆徒，敢伪托其名，以污忠魄！"面对义正词严、毫无惧色的夏完淳，做贼心虚的洪承畴脸上红一阵白一阵，如坐针毡，无言以对，只得草草结束审判，将夏完淳打入大牢。

虽然夏完淳入狱时正值十六岁的青春年华，却已抱定了必死之心，但并不因此而颓然绝望，坐以待毙。他把深牢大狱当成自己的书房，吟诗作赋，谈笑自若，还续写父亲夏允彝的《幸存录》。这个年轻人的乐观坚强深深感染了他周围的狱友，他们相约坚持反清复明之志，虽九死而不悔。

当死刑的判决传至时，夏完淳平静地要来笔墨纸砚，一挥而就写下了另一篇传诵至今的名文——《狱中上母书》，在这封书信的最后，夏完淳写道："人生孰无死，贵得死所耳！父得为忠臣，子得为孝子。含笑归太虚,了我分内事。大道本无生,视身若敝屣。但为气所激,缘悟天人理。噩梦十七年,报仇在来世。神游天地间,可以无愧矣!"快意恩仇的青春侠客之风,视死如归的少年英雄之气力透纸背,撼人心魄,令古今读者肃然起敬。

重阳节后的第十天,在秋风萧瑟、落叶飘飞的南京西市,夏完淳昂首挺胸、面容沉静地走上了刑场。面对着刽子手寒光凛凛、鲜血淋淋的屠刀,夏完淳傲然而立,决不屈膝,刽子手被他的凛然正气所震撼,只得闭着双眼按照他的要求从正面行刑……在即将永远告别这个世界和亲人的时刻,夏完淳的耳边肯定会响起被捕时作的那首决心赴死的《别云间》——

三年羁旅客,今日又南冠。
无限山河泪,谁言天地宽。
已知泉路近,欲别故乡难。
毅魄归来日,灵旗空际看。

收复台湾之后的郑成功

郑成功收复台湾的故事大家肯定都非常熟悉，而且会想当然地认为，从那以后郑成功就像童话中的王子与公主一样过着快乐幸福的生活。但是，事实却远非人们想象的那么美满，实际上，就在收复台湾的战役刚刚开始时，郑成功已经步入了他人生的最后一年。

1661年四月底，郑成功率军经由鹿耳门海道进入台江内海并于禾寮港（今台南市北区开元寺附近）登陆，五月初攻取赤嵌城（今台南市赤嵌楼附近），荷兰守军出降。1662年一月，郑成功开始炮轰荷兰人在台湾的统治中心台湾城（今台南市安平古堡附近）。二月，统治台湾近四十年的荷兰人向郑成功屈服，退出台湾。

收复台湾之时，郑成功写下了下面这首《复台》诗：

开辟荆榛逐荷夷，
十年始克复先基。
田横尚有三千客，

茹苦间关不忍离。

台湾光复之后,郑成功祭告山川,颁布屯垦令,开始了对台湾的开发建设。他下令屯垦的范围,北达噶玛兰(今宜兰),南至琅峤(今恒春),后因大肚土番与琅峤番人的反抗而放缓了屯垦进程。郑成功实际统治的区域大约是从二林(今彰化县二林镇)到茄藤(今屏东县佳冬乡)之间。郑成功收复台湾继续抗清等于昭告天下他将抗战到底,永远不会向清政府屈服。清朝统治者对郑成功曾经抱有的一点点希望伴随着台湾的收复彻底地破灭了,控制在他们手中的郑芝龙(郑成功之父,已经降清)也就完全失去了价值,只有死路一条了。于是,他们以牙还牙,把郑芝龙一家推上了刑场。噩耗传来,郑成功面北而泣,悲不自胜,虽然他痛恨父亲的叛国求荣,但毕竟他是父亲的亲生儿子,曾深受父亲的宠爱啊,而且被害的是一大家子人啊!

福无双至,祸不单行,正当郑成功深陷丧父之痛时,四月间,南明的最后一个皇帝,永历帝朱由榔被汉奸吴三桂杀死于缅甸的消息传到了台湾。虽然他没有见过永历帝,但那一直是他心中的一面写着"大明"的旗帜。如今,大明仅存的这面旗帜也倒下了,他为之流汗流血流泪近二十年的大明刹那间变得虚无缥缈了,他怎能不痛彻心扉!尽管内心承受着巨大的痛苦,郑成功依然在努力尽着一个中国将军的义务。

早在1657年,郑成功就曾经致函给爪哇岛巴达维亚的一位华侨甲必丹，要求他停止与菲律宾的西班牙殖民者进行贸易往来。郑成功曾多次对菲律宾华侨表示关切，并提出要率兵攻取菲律宾，以惩罚曾两次屠杀华侨的西班牙人。1662年，郑成功攻下台湾后，遣使到菲律宾向西班牙总督递交国书，谴责其杀戮掠夺华侨的罪行，严令其改邪归正，俯首纳贡，但西班牙人反而因此在马尼拉进行了第三次针对华侨的屠杀。

郑成功闻讯大怒，决定挥师征讨，为华侨报仇。他一面抚恤安置从菲律宾逃到台湾的华侨，一方面组织筹备军队，派人暗中与在菲律宾的华侨联络，以便在开战时里应外合，智胜敌军。遗憾的是，就在郑成功准备出兵之前，他听到了一个让他难以接受的消息：他的儿子郑经在厦门与家中的乳母陈氏通奸，并且生下了一个儿子，这个消息成了从心理上压倒英雄郑成功的最后一根稻草。

郑成功是一个治家极严的人，而且又正是心情悲愤的时候，所以他得知儿子的丑闻之后，立即命令部将郑泰处死郑经及乳母。郑泰因不忍而抗命不尊，郑成功更加愤懑不快，偏偏又因为水土不服染上疟疾而病倒在床。在疟疾与郁闷悲痛心情的双重折磨下，郑成功的身体越来越差，最后在这年的五月（1662年6月23日）不幸病逝，死前大呼："吾有何面目见先帝于地下！"

《台湾县志》记载："国姓公卧病当初，五月初二早，忽天昏地暗，黄风大作，初三更风雨交加，台江及安平外海波浪冲天，继而雷震电闪，如山崩地裂……初五日，天平雨晴了，初八日，国姓爷归天。"郑成功离开这个世界时只有三十八岁，英年早逝，令人惋惜。屈指算来,他生于 1624 年,正是台湾被荷兰人侵占的那一年,而去世则恰恰在他收复台湾的这一年,好像冥冥之中他就是为了这个美丽的宝岛而生。

大清王朝

西藏第一情僧之死

21世纪初,来自三百年前的温馨动人的藏文爱情诗不经意间像春风一样吹遍了中华大地的每个角落,同时,仓央嘉措这个率真清纯、一往情深的西藏王子也走进了人们的内心世界。喜爱仓央嘉措的读者肯定都愿意他像童话中的王子一样拥有一个无忧无虑、优哉游哉的美好人生,但令人遗憾的是,事实恰好相反。

故事要从17世纪30年代说起。那时,已经进入末世的明朝和刚刚兴起的清政权激战正酣,西部的青藏高原上也正上演着一幕幕血雨腥风的战争场景。

当时统治青藏高原的是五世达赖和四世班禅,他们正面临着强敌入侵的巨大考验。侵略藏人领土的是来自蒙古高原的喀尔喀部,他们一路烧杀掳掠,很快占领了青海湖周围的大片地域。

五世达赖罗桑嘉措是个颇有心机的人物,他想出了一个以毒攻毒的妙计——邀请喀尔喀部的仇敌,蒙古和硕特部的首领固始汗进军青海,当然代价是数不清的真金白银、珍珠宝器。其实,即使没有这些金银珠宝,固始汗可能也会出兵援藏,因为他一直在觊觎着青海湖畔这片水草丰茂的土地。

于是，罗桑嘉措和固始汗一拍即合，协议顺利达成。

和硕特部不愧是一代天骄成吉思汗的嫡系子孙，三下五除二就打跑了喀尔喀部的入侵者。然而，新的问题很快出现在了罗桑嘉措的面前——以救命恩人自居的固始汗在青海地区驻扎下以后就不走了，而且凭借着军事实力浩浩荡荡地开进了五世达赖所在的拉萨城，还成了"佛教护法王"。

固始汗并不满足于有名无权的"佛教护法王"，他依仗着手里的枪杆子一步一步地掌握了西藏各级政权，西藏的日常政务由他信任的藏族人处理，高级官员的任免权则由他一个人说了算。后来，他又控制了西藏军队，把军队的指挥官都换成了蒙古人和他的藏族亲信，这样，整个青藏高原就都成了他的天下。

固始汗夺走了五世达赖的绝大部分权力，但在物质上并没有亏待他，还把前后藏的大部分税收送给他作为寺院费用，因为要借助达赖神圣的宗教地位来安定藏民的人心。

固始汗非常重视和清政府的关系，曾经多次派遣使者以西藏宗教界的名义前往北京进贡朝拜。当时在位的顺治皇帝深受感动，特意向五世达赖发出了邀请。1652年，五世达赖罗桑嘉措率领三千官员侍佣浩浩荡荡前往北京，受到皇帝的热情接待和特别封赏，这就是史籍中大书特书的华夏盛事——顺治帝接见五世达赖。

占据西藏不走的固始汗当初是罗桑嘉措自己请来的，所以，面对着鸠占鹊巢、兵强马壮、嚣张跋扈的固始汗及其子孙，他真是哑巴吃黄连——有苦说不出,他所能做的也只有一个字——忍,而且这一忍就是好多好多年。

1682年,固始汗的儿子达赖汗控制西藏的时候,忍了四十年的五世达赖罗桑嘉措撒手人寰,终于得到了解脱,但西藏却在十五年后因为他的死讯而陷入了前所未有的大乱局。

罗桑嘉措和他最信任的弟子桑结嘉措担心达赖汗会干涉转世灵童的选择,于是就决定在罗桑嘉措辞世后秘不发丧,暗中开始寻访转世灵童的工作。

桑结嘉措是个天生的好导演和好演员,他先让一个长得颇像五世达赖的喇嘛穿上达赖的衣服,坐在宝座上忽悠人,然后宣布达赖因病要闭关修炼密法,一切事务由他负责。另外他还要秘密保护达赖的肉身,为灵塔的修建做准备,与此同时,他还要指导安排秘密进行转世灵童的寻找。

由于桑结嘉措的保密工作做得相当彻底,各个环节都得到了严密的控制,直到十五年后,北京的康熙皇帝才在平定叛乱的噶尔丹时从蒙古准噶尔部那里得到了五世达赖早已去世的消息。康熙皇帝本来就对达赖和噶尔丹过从甚密非常不满,这个消息无疑是火上浇油,他简直是怒发冲冠了,立即下了一道紧急诏书对桑结嘉措给予严重警告。

桑结嘉措眼见纸里已经包住火了,只得一方面万分诚恳地向康熙皇帝承认错误,一方面公开了五世达赖已经去世,转世灵童早已找到,并已按教规进行供养的消息。此后,桑结嘉措以迅雷不及掩耳之势把灵童迎到布达拉宫，宣布其为六世达赖。

这个灵童就是西藏第一情僧仓央嘉措，他当时已经是一个十四岁的翩翩少年了。

仓央嘉措是在五世达赖去世的第二年，即1683年出生的，他的家乡在充满传奇色彩的山南地区。据说仓央嘉措出生时，天地自然出现了好多吉瑞的征兆，而他又生性聪颖，才智不凡，于是，他出生的地方到处流传着关于他的神奇故事。桑结嘉措听说了仓央嘉措的故事后，认定这个孩子就是五世达赖的转世，便秘密地派人把他接到浪卡子宗由班禅教育培养。仓央嘉措从那时起一直跟着班禅学经习法，直到十二年后被桑结嘉措接到拉萨成为六世达赖。

桑结嘉措隐瞒五世达赖之死长达十五年和六世达赖仓央嘉措的突然出现惹恼了一个极其重要的人物，这个人就是实际控制着西藏的拉藏汗，他当时刚刚继承了被人毒死的父亲达赖汗的汗位和权力。

拉藏汗对桑结嘉措充满愤怒和敌意，还有一个非常重要的原因——他一直怀疑桑结嘉措是毒死父亲达赖汗的主谋，而且预感对方可能正在把下毒的黑手向他伸来。

在这种情况下，桑结嘉措和拉藏汗之间的矛盾一日深似一日，逐渐从以前的裂痕变成了难以收拾的大豁口，一场影响整个青藏高原的狂风骤雨即将猛烈来袭，而情僧仓央嘉措特立独行的做事风格更进一步加速了这场大风暴的来临。

和之前的达赖不同，六世达赖仓央嘉措不是一个足够虔诚的佛教徒，而是一位风流倜傥的诗人。仓央嘉措十分厌倦布达拉宫里远离尘世的禁欲生活,一心追求自由的,甚至是放浪的爱情。他不但无所顾忌地在诗歌中热情表达他内心的渴望,而且真的做出了不少离经叛道的事情。在列隆大师的记载中,他"身穿绸缎衣衫,手戴戒指,头蓄长发,醉心于歌舞游宴",完全不是一个佛教僧人的样子。

成为六世达赖后的第五年,仓央嘉措到日喀则巡游,当他来到恩师班禅所在的扎什伦布寺时,竟然跪在寺门外面,把喇嘛僧衣捧在手中,声称要把师父传给的戒法通通退还给师父,然后彻底恢复自由自在的生活。

仓央嘉措的请求当然不会得到班禅和桑结嘉措的允许,却给拉藏汗攻击桑结嘉措提供了足够的口实。

桑结嘉措和叛乱而死的噶尔丹曾经关系特别密切一直是康熙皇帝的一个心病。拉藏汗一方面时不时拿桑结嘉措和噶尔丹的关系说事;一方面不断上报六世达赖仓央嘉措言行不端,是个应该受到惩罚的假达赖。康熙皇帝心里的天平逐渐偏向了拉藏汗,拉藏汗抓住这个机会开始向桑结嘉措发难。

1703年藏历新年传大召法会期间,拉藏汗抓住桑结嘉措的几个亲信并将他们杀死,怒不可遏的桑结嘉措不肯示弱,直接派兵围攻拉藏汗的汗府,于是双方爆发了一场又一场可怕的军事冲突。虽然桑结嘉措在开始时出其不备占了点上风,但西藏的士兵怎么是蒙古骑兵的对手呢?两年后,兵败的桑结嘉措在堆龙德庆一带被拉藏汗的军队俘获,并且当天就地被处死了。

除掉了桑结嘉措,拉藏汗就把矛头指向了桑结嘉措拥立的六世达赖,西藏第一情僧仓央嘉措。

拉藏汗知道达赖在藏族人中的地位是多么重要,因此他虽然看着仓央嘉措不顺眼,却也不敢轻举妄动,只能一步步地慢慢来。拉藏汗首先将他剿灭桑结嘉措"叛乱"的胜利消息上报给了北京的康熙皇帝,康熙见自己的一块心病被解决掉了,不由得龙颜大悦,立即下诏封拉藏汗为"翊教恭顺汗"。拉藏汗一看皇帝完全站到了他这一边,就趁热打铁,上表奏称六世达赖仓央嘉措不守清规,生活堕落,是假达赖,请皇帝予以"废立"。康熙皇帝表示同意,并且命令拉藏汗将仓央嘉措押送至北京。

1706年夏初,拉藏汗把六世达赖仓央嘉措召到汗府,当众厉声申斥,数说他的放荡行为,随后,可怜的仓央嘉措像《水浒传》里的林冲和民间故事里的苏三一样被押解着踏上了北上京城的漫漫万里长路。

尽管拉藏汗努力地把六世达赖"诏献京师"的消息控制在最小的范围内,这个噩耗还是很快在拉萨内外的藏族人中传开了,而且引起了极大的震动和不安。当蒙古兵押着仓央嘉措经过拉萨以西二十里的哲蚌寺时,忽然一队全副武装的喇嘛从山上的哲蚌寺中冲出将仓央嘉措抢走,然后紧闭寺门准备战斗。蒙古兵立刻向哲蚌寺发起了猛攻。战斗一直进行了三天,双方都付出了很大牺牲,仁慈而勇敢的仓央嘉措不愿看到因为他而生灵涂炭,主动提出"下山归队",让蒙古士兵押送他继续北上。

失去自由、被迫远离故乡的仓央嘉措经过长途跋涉来到青海湖畔时，那天空般碧蓝碧蓝的湖水令他深深陶醉了，而且他知道再往前走可能就要永远离开生他养他，令他魂牵梦萦的青藏高原了。仓央嘉措舍不得离开藏地藏民，更不愿身死异乡，于是，他选择了在碧蓝如洗的青海湖边圆寂，一代情僧从此魂归天国，升入极乐世界去了，再无烦恼，再无忧虑，再无恐惧……

关于仓央嘉措的最终归宿，还有一个更为传奇的版本。据说他在行至青海湖后于一个风雪交加之夜悄然遁去，而后乔装打扮，只身一人周游康藏、甘肃、青海以及印度、尼泊尔、蒙古等地区和国家，继续传经布道，弘扬佛法，六十四岁时在内蒙古西部的阿拉善去世。

林黛玉的原型原来是她？

康熙十一年（1672年），顺天府乡试揭榜，《红楼梦》作者曹雪芹的祖父曹寅榜上有名，和曹寅同年得中举人的学子中，有一位被视为贾宝玉原型之一的人物，他就是有"清代第一词人"之誉的著名才子纳兰性德。

纳兰性德是康熙朝大学士纳兰明珠的儿子，原名纳兰成德，1674年因为要避当时太子"保成"的名讳而改为纳兰性德。一年后，太子改名为胤礽，于是纳兰性德又把名字改回了成德，但不知为什么后人习惯称他为纳兰性德，可能是因为性德这个名字听上去更有文化气息。

实际上，纳兰性德的另一个名字纳兰容若更有文艺范儿，所以，在后面的行文中，咱们就称他为纳兰容若。

纳兰容若和曹寅年龄相仿，不但是同榜举人，而且还同时入宫做了康熙皇帝的贴身侍卫，他俩自然而然地成为了无话不谈的好朋友。

纳兰容若进宫当侍卫时刚刚成婚，他的妻子卢氏是两广总督卢兴祖的女儿，两人可谓门当户对，珠联璧合。

正如很多人认为纳兰容若是贾宝玉的人物原型一样，笔者感觉他的妻子卢氏身上应该有着林黛玉的影子。

其一，卢氏和林黛玉都是来自南方的贵族少女。

林黛玉家在运河名城扬州，她的父亲是巡盐御史林如海，品级虽然不高但颇有实权；卢氏在岭南重镇广州长大成人，她的父亲卢兴祖官居总督，堪称封疆大吏。

其二，纳兰容若将卢氏比作有"林下风致"之美誉的东晋才女谢道韫，为她写下了"林下闺房世罕见""林下荒台道韫家"这样的诗句。曹雪芹自幼雅好诗词歌赋，对于爷爷好友纳兰容若的词作肯定熟记于心，他由卢氏的"林下风致"想到明代大诗人高启笔下的"月明林下美人来"，从而塑造出林黛玉这个文学形象应该是顺理成章的事。

其三，黛玉葬花是《红楼梦》中最为人熟知的故事之一，而卢氏也曾有过与之相似的风雅之举。

话说在一个忽然飘雨的日子，纳兰容若从外面回到家里，发现卢氏不在房内，他担心她淋雨染上风寒，就取了一把伞去后花园寻她。当他穿过曲径回廊步入园中时，看到了世上最美的一幕——卢氏立在荷花池边，双手擎着两把雨伞，一把遮着她惹人怜爱的身影，一把遮着那开得正好的荷花……

其四，卢氏和林黛玉都是红颜薄命的女子。

从《红楼梦》在清朝中期走进万千读者心中开始，林黛玉就已经成了薄命红颜的代名词,而卢氏的薄命比林黛玉有过之而无不及。

纳兰容若在怀念逝去的爱妻卢氏时,曾经写下下面这首《浣溪沙》:

谁念西风独自凉?萧萧黄叶闭疏窗。沉思往事立残阳。　被酒莫惊春睡重,赌书消得泼茶香。当时只道是寻常。

卢氏和纳兰容若拥有着琴瑟和谐、诗情画意的婚姻生活,但是这对璧人的幸福只持续了短短三年就随着卢氏的难产而逝永远结束了,纳兰容若那一句"当时只道是寻常"包含着多少无法言说的痛苦呀——他当初以为"被酒莫惊春睡重,赌书消得泼茶香"那样的美好会一直延续下去直到地老天荒,无论如何也不会想到三年后的他已是"秋风独自凉"呀⋯⋯

虽然我们无法断言纳兰容若与他的爱妻卢氏就是贾宝玉与林黛玉的原型,但清代文人赵烈文《能静居日记》中咸丰九年八月十二日(1859年)条所引宋翔凤的话却颇有说服力——"曹雪芹作《红楼梦》,高庙(即清高宗乾隆)末年,和珅以呈上,然不知所指。高庙阅而善之,曰:'此盖为明珠家作也(这写的是明珠家的事呀)。'"

清朝监狱之怪现状

众所周知，人们经常用"七品芝麻官"来取笑那些品级低微的官员，其实官位比七品还小的大有人在，比如那些和监狱有关的小官儿们，严格说来，他们算不上"官"，只能算"吏"，但就是这些根本入不了流的小吏，竟然在大清朝的监狱里掀起了一波又一波的邪风恶浪。

最高审判机关刑部衙门有一个掌管公文上传下达的年老小吏，家里藏着一个可以大肆捞钱的"宝贝"——伪造的印章。那些上奏给皇帝和各部的公文，他还不敢动手，但那些下行省州县的公文，就成了他练习写作的"自留地"，往往偷偷地增加或删减那些重要的语句，乃至把全文换掉。他这样添油加醋、偷梁换柱当然不是为了玩刺激，而是以刺激背后的银子为目的，文书中每一个字的变动都会给他带来白花花的银子。这个来钱之道比靠写作挣钱可快多了，而且没有谁敢赖账不给。

这个老吏和另一个小吏比起来，可就是"小巫见大巫"了，因为在后者手里，死刑犯的命竟然也可以用钱买下来！

有某姓兄弟二人，犯了把持公仓的大罪，依照法律应该立即处决。罪案刚刚判决，某个小吏就主动跑来对他们说："给我一千两银子，我保你们活命。"他们问他有什么办法，他说："这也不是很难，我另外准备一份奏章，判决词不用改动，只不过拿两个列在同案名单后面的单身而又没有亲戚的从犯来顶替你们的名字，等到案文加封上奏的时候偷偷地换一下罢了。（反正他们死了也没人喊冤。）"他的一个同事说："这可以骗死去的犯人，却骗不了主审官，如果他发现问题再上奏章请示，我们就活不成了。"这个书吏笑着说："如果（主审官）重新上奏请示，我们固然活不成，但是主审官也要一个个罢官走人，他们是不会为了这两个人的命来摘掉自己头上的乌纱帽的，那么我们还怕什么呢！"

这个小吏收了死刑犯的钱后，真的就这样办了，同案名单中后面的两名从犯马上被砍了脑袋。主审官发觉时吓得张口结舌，但到底不敢追究。方苞在监狱里，还见过这"幸运"的兄弟俩，牢房中的犯人都偷偷指着他们说："这两个人的命就是用谁谁的脑袋换来的。"

这兄弟俩只是逃脱了一次死刑，还有比他们更嚣张的。

有个叫郭四的，曾经四次杀人，但每一次都被收了巨额款项的小吏归入"矜疑"（即"其情可怜，其罪可疑"）一类，而当时的法律规定：凡杀人，狱词无谋、故者（"谋"指预谋杀人，"故"指故意杀人），经秋审入矜疑，即免死。所以，郭四一次次靠着大把银子躲过了死神的追捕。要说老天也真是瞎了眼，竟然让郭四在花钱避过第四次死刑后碰到了大赦。这家伙高兴得发了狂,竟然破天荒地在监狱里跟他的同伙儿一连几天摆起酒席。其间,有人问起他以往的事情,他就像开模范事迹报告会一样一件件一桩桩地详细叙说自己花钱买命的经历,满脸扬扬得意、自命不凡的神色,真是见过不要脸的,没见过这么不要脸的!

　　清末四大谴责小说中有一部《二十年目睹之怪现状》,那就把这篇关于清代的小文命名为《清朝监狱之怪现状》吧。

沾了儿子大光的皇帝们

废掉太子李瑛后,一代明君唐玄宗陷入了极度苦闷之中,因为他不知道该选哪个儿子当皇位继承人了。

唐玄宗大大小小共有三十个儿子,除了被废的、早夭的和获罪的之外,还有十几个皇子可以作为太子的人选,多子多福本来是求之不得的喜事,此时却成了叫唐玄宗最为头疼的事情。就在玄宗皇帝为立谁做新太子而食不甘味、寝不安席时,一个孩子的到来让他豁然开朗,茅塞顿开。

这个孩子是谁呢?后来的唐代宗李豫。

李豫生于726年,当时正是十二三岁的花季少年,读书之余经常跑到爷爷玄宗身边玩耍。据史书记载,李豫"宇量弘深,宽而能断,喜惧不形于色。仁孝温恭,动必由礼。幼而好学,尤专《礼》《易》,玄宗钟爱之"。正在为立储之事双眉紧蹙的唐玄宗一见自己最喜欢的孙子来了,就暂时把心事放到一边,仔细询问起李豫的生活和学业来。看着言行举止谦恭有礼,回答问题头头是道的宝贝孙子,唐玄宗忽然想到,如果将来这个孩子能够承继大统,肯定是一个深受臣民爱戴的好皇帝，于是，他心里的天平就开始向孩子的父亲——忠王李亨那边倾斜了。

736年六月，忠王李亨被唐玄宗立为太子，他就是后来的唐肃宗；六年后，李豫如唐玄宗所愿继位成为历史上的唐代宗。

唐肃宗李亨凭着有个好儿子上位的经历也许是空前的，但绝对不是绝后的，在他之后至少有两个皇帝与唐玄宗有着相同却又不同的立储之路。

和唐玄宗一样，明成祖朱棣也是胸有雄才伟略，开创了一代盛世的皇帝，也曾在皇位继承人的选择上陷入过迷惑。所不同的是，他的候选人名单比较简单，只有两个人——皇长子朱高炽和皇二子朱高煦。朱棣明白"废长立幼"乃是取乱之道，而且他知道大部分朝臣不支持他这样做，但他又真真切切的感觉皇二子朱高煦更像他这个父皇，更适合做大明江山的接班人，在这种情况下，朱棣想到了他非常欣赏非常信任的一个大臣——翰林学士解缙。解缙也不同意废长立幼，一番周折之后，他最终用"好圣孙"三个字说服了朱棣。

"好圣孙"者，朱棣长孙，朱高炽长子朱瞻基也。

朱高炽和朱瞻基在历史上分别被称为明仁宗和明宣宗，他们父子二人共同创造了和平安定、繁荣富强的仁宣之治，事实证明明成祖的选择是完全正确的。

沾了儿子大光的明仁宗是个幸运者，相比之下，清朝的雍正帝则更加幸运，因为后者享国的时间远远长于前者。

雍正帝能够在康熙大帝之后走上国家一把手的工作岗位，因素应该是多方面的,但他的儿子弘历,也就是日后的乾隆皇帝,深受爷爷康熙喜爱无疑是一个不可忽视的原因。

弘历从小天赋异禀,聪明过人,读起书来一目十行,过目成诵,而且长得清秀俊逸,气质不凡,康熙皇帝一见之下就喜欢上了这个小孙子,很快颁下圣旨让弘历进皇宫与他一起生活,并且亲自教授诗书礼仪和治国之道。雍正帝应该知道自己能够继承皇位在很大程度上是沾了儿子的光,所以,在登基的第二年,他就以秘密立储的方式为弘历确定了皇位继承人的身份,这才有了延续百年之久的康乾盛世。

打不败的陈梦雷

陈梦雷这个名字大家可能并不熟悉,但提起《古今图书集成》这部现存规模最大、资料最丰的百科全书,相信各位应该不会陌生。而陈梦雷正是《古今图书集成》的编纂者。

陈梦雷是福建福州人,康熙九年进士,官授翰林院庶吉士,负责为皇帝起草诏书,讲解经籍,三年后升任翰林院编修,拥有了编撰史书的资格。

在翰林院期间,陈梦雷认识了同为编修的福建安溪人李光地,俗话说"老乡见老乡,两眼泪汪汪",两人一见如故,结为挚友,但后来正是李光地的一纸奏书把陈梦雷抛入了万劫不复的深渊。

康熙十二年(1673年)年底,陈梦雷和李光地一同回福建老家省亲,正当他们在故乡与亲人共享天伦之乐的时候,吴三桂、尚可喜、耿精忠挑头的三藩之乱爆发了。耿精忠当时的封号是靖南王,封地就在陈梦雷的老家福建,驻地恰在陈梦雷的故乡福州。

耿精忠虽然贵为王爷,其实从根子上是个大老粗,因为他的老爹耿仲明当初造反时就是个矿工。有趣的是,大老粗往往更喜欢附庸风雅，拉虎皮作大旗，安禄山如是，李师道如是，耿精忠也不例外。耿精忠响应吴三桂起兵反清后，在福建全境网罗名士，强迫他们接受伪职，身在福州的陈梦雷自然首当其冲成了他搜罗的对象。陈梦雷为了逃避叛贼的征召，偷偷逃进了山中古寺，心狠手辣的耿精忠便把陈梦雷的老父拘捕作为人质，强迫他出任伪职，被逼无奈的陈梦雷只得自投罗网舍身救父，但他一直以生病为借口没有接受叛贼的任命。

远在五百里之外的李光地也未能幸免，他在叛军的逼迫下从安溪老家来到了福州，陈梦雷和李光地这两个大清翰林院同事竟然在叛贼的大本营再次相遇了。

李光地是一个颇有谋略的人，他在和陈梦雷保持肝胆相照关系的同时骗取了耿精忠的充分信任，耿精忠既然相信了李光地对他的忠心，脑子里防范对方逃跑的那根弦就松了，于是，李光地在陷贼几个月后以父亲病重回家探望为由成功逃离了贼窝福州。

李光地在离开之前，和陈梦雷一直在从事着刺探叛军军事情报的"特务"活动。他们二人利用耿精忠幕僚的身份和陈梦雷福州本地人的优势，对福州城内的兵力部署、防御安排、民心向背等情况都做了较为详细的调查记录，并且将这些信息都细心誊写在了几张不怕水浸泡的羊皮纸上，然后将其裹成小团，分别置于几枚特制的红色蜡丸之内，做成了一份既便于携带，又不易被人发觉的蜡丸密信。李光地从福州成功脱逃时，这份红丸密信就藏在他的行李之内。

据陈梦雷所言，李光地在福州时曾经和他约定由他从中"离散逆党,探听消息",由李光地奔波在外,"从山路通信军前",为清军提供叛军情报,而且李光地还向他承诺"他日幸我之成功,则能白尔之节;尔之节显,则能白我之功"。

但是,其后的事态发展却完全出乎了陈梦雷的意料。

陈梦雷和李光地共同完成的红丸密信最终呈送到了康熙皇帝的龙书案上,内容还是那些内容,署名却从两个人变成了一个人,李光地三字赫然在目,陈梦雷的名字不翼而飞了。

李光地因为这封红丸密信青云直上,飞黄腾达,最终官至一人之下、万人之上的文渊阁大学士;而陈梦雷则由于失去红丸密信的署名权沦为了"附逆"的罪臣,先被逮捕入狱,继而论罪当斩。陈梦雷入狱前后,曾多次写信要求李光地为他作证,"白他之节",但始终没有收到任何回复。

陈梦雷和李光地的恩怨纠葛传开以后,士大夫们大多站在了陈梦雷一边,在众人的压力下,李光地不得不向康熙皇帝上书为陈梦雷说情。在奏本中,李光地认可了陈梦雷身在贼营心怀大清的忠贞,认为其情可悯、其行可宥,却绝口不提二人当初共同撰写红丸密信为朝廷提供重要情报一事。失望至极、出离愤怒的陈梦雷挥笔写下了《告都城隍文》,痛斥李光地欺君负友、不仁不义的可耻行径和丑恶嘴脸。

关于红丸密信一事,李光地自有他的一番说辞,但是,如果让大家从如李光地一样工于心计的政治家和与陈梦雷一般心机单纯的学问家中选择一个作为相信的对象,我想大家应该和当时的士大夫们一样将后者作为最终的抉择。

后来,在刑部尚书徐乾学等正义人士的营救下,陈梦雷得以免去死刑,被发配到东北的荒寒之地充军服刑。康熙二十一年,即1682年,李光地升任侍讲学士兼吏部侍郎,而陈梦雷则在差人的押解下踏上了流放塞外的漫长旅程。

陈梦雷流放的地方在奉天尚阳堡,那是辽东长城防线最北边的一个兵营,一年中有半年寒风凛冽,冬季更是风如刀割,大雪漫天。经历了一桩桩仕途剧变的陈梦雷到尚阳堡后不久就病倒了,但残酷的命运却不因此而放过他——福州老家的父母承受不了这突如其来的沉重打击,先后弃世而去,与他甘苦与共、相濡以沫的妻子几年后在荒寒的尚阳堡撒手人寰。如此的人生剧痛令陈梦雷捶胸顿足、心肺俱裂,但他并没有向命运屈服,而是埋首于读书著述,让书籍来疗治自己心底那无法诉说的创痛。

流放奉天的十七年中,陈梦雷先后编撰了《周易浅述》《盛京通志》《承德县志》《海城县志》《盖平县志》等书籍著作,为东北地区的文化发展和传承做出了不可磨灭的贡献,可以说这些大部头作品每一部都饱含着陈梦雷的心血和泪水,正所谓"满纸古今言,数把辛酸泪。都云作者痴,谁解其中味"。

1698年,在奉天巡视的康熙皇帝读到了陈梦雷的一首诗,感觉特别喜欢,于是,陈梦雷幸运地得以从荒寒的尚阳堡回到了繁华的北京城,并被任命他为三皇子胤祉的侍读。陈梦雷一心一意、尽职尽责地辅导胤祉,胤祉对他既钦佩又敬重,师徒二人相处甚谐,建立了极为深厚的友谊。

两年后,康熙皇帝给陈梦雷安排了一个令他流芳百世的文化大工程——主编《古今图书集成》。在胤祉等人的帮助下,陈梦雷以"协一堂"藏书和家藏图书为基础,"目营手检,无间晨夕",经过六年的辛苦编辑,于康熙四十五年(1706年)修成了这部总共有一万余卷、"大小一贯,上下古今,类列部分,有纲有纪"的大型百科全书类巨著。

如果陈梦雷的故事就这样画上句号,那也算得上是苦尽甘来、功德圆满了,令人遗憾的是,他的人生远远没有如此幸运。

1722年,康熙皇帝驾崩,四皇子胤禛即位,这就是历史上的雍正皇帝。雍正称帝后对没有和他站在一队的同胞兄弟们展开了疯狂的报复和迫害,和废太子关系一向不错的三皇子胤祉自然难逃罗网,先被发配到位于遵化马兰峪的景陵为康熙守墓,后又在景山永安亭被幽禁而死。

陈梦雷身为胤祉的师友至交又一次被命运推到了人生的悬崖边上,他被流放到了比奉天尚阳堡还要远一千里的黑龙江。这时,陈梦雷已经是七十二岁的古稀老人了,却不得不再次踏上那风沙扑面、路途迢迢、生死未卜的发配之路。当他途经当年戍守的尚阳堡继续北上时,肯定想起了唐代诗人贾岛那句著名的悲诗——"无端更渡桑干水,却望并州是故乡",其时,情有多伤,心有多痛,每个局外人应该都能想象得到,但没有谁能真正感受得到。

虽然再次流放的遭遇足够惨烈,虽然黑龙江戍所的环境更加恶劣,打不败的陈梦雷依然可以做到直面苦难,笑对人生,以充满春意的胸怀去融化命运的冰雪，以烈士暮年的心态去教化当地的学子。十三年后，五十七岁的雍正皇帝死了，而八十五岁的陈梦雷还硬硬朗朗地活着，依然在白山黑水那片神奇的土地上抒写着一个耄耋老人的生命传奇……

《红楼梦》中的《聊斋志异》

在我国的古代文学百花园中,《红楼梦》是长篇白话小说的最高峰,《聊斋志异》是短篇文言小说的集大成者,如果笔者说《红楼梦》中有一个和《聊斋志异》有着密切关系的故事,朋友们会不会觉得奇怪呢?

"宝玉受笞"是文学爱好者们非常熟悉的故事,实际上荣国府的另一个二爷贾琏也有被老爹痛打的经历,这个事儿是在第四十八回《滥情人情误思游艺 慕雅女雅集苦吟诗》中通过平儿之口透露出来的。

在很多人的印象里,贾琏是个典型的花花公子,声色犬马,五毒俱全。其实贾琏没有那么糟,而且他像宝玉一样被老爹痛打是因为为弱者说了一句公道话。

贾琏为其仗义执言的弱者姓石,外号石呆子,是个骨灰级的古扇收集者。

石呆子收集的扇子"皆是古人写画真迹",湘妃、棕竹、麋鹿、玉竹各种材质都有,不幸的是,他的这些宝物被荣国府的大老爷贾赦盯上了。贾赦不肯放下身份和石呆子见面商谈，就让贾琏去办这个事情。

石呆子爱扇成癖，"死也不肯拿出大门来"，贾琏求爷爷告奶奶，终于在石呆子家里见到了那些古扇，当他表示愿出高价购买时，那石呆子却说："我饿死冻死，一千两银子一把我也不卖！"贾赦打算硬夺，让贾琏给石呆子五百两银子后把扇子拿来，石呆子誓死不卖，竟说："要扇子，先要我的命！"贾琏不愿强人所难，贾赦就骂儿子没本事，办不成事。

拼命攀附荣国府的贾雨村听说后，便诬陷石呆子拖欠官银，把他抓到衙门里，并且把他的所有古扇都弄来送给了贾赦。贾赦大喜之余骂贾琏不如贾雨村有能耐，贾琏不服气地回应道："为这点子小事，弄得人坑家败业，也不算什么能为！"贾赦恼羞成怒，于是就有了贾琏挨打这回事儿。

贾琏当然够倒霉，但石呆子比他更倒霉，贾琏挨打时，监狱里的石呆子还"不知是死是活"。

无独有偶，比《红楼梦》早半个世纪的《聊斋志异》的诸多故事里有一个石呆子故事的孪生版，这个故事的名字叫《石清虚》。

《石清虚》的主人公姓邢名云飞，和石呆子爱扇成癖一样，他爱石成癖，家里到处都是形态各异的奇石。

一天，邢云飞在垂钓中碰巧得到一方佳石，其石"四面玲珑，峰峦叠秀"，每当天将要下雨的时候，石头的每一个细孔中都会有云烟生出，远处观望如同在里面塞了白色的棉絮，他如获异宝，将之精心收藏起来。

不料此事被某个得势的富豪知道了,这个家伙竟然在光天化日之下强行夺走,但奇石不久在上天的帮助下又回到了邢云飞手中。后来,神仙下凡考验邢云飞,这时他得知此石名叫"石清虚",并且愿意放弃三年寿命来换取这个奇石。再后来,奇石被贼人偷去,最终在上天的安排下,奇石失而复得,邢云飞更加珍爱他的石清虚了。

有一位尚书大人想以一百两银子的价格购买邢云飞的这块奇石,但是邢云飞斩钉截铁地回答说:"就是万两黄金也不卖!"尚书大人很生气,后果很严重,邢云飞被人陷害并被打入深牢大狱,他的妻子和儿子为了救他最终背着他选择了献石免灾。后来,尚书大人因为别的事犯罪入狱,奇石在仙人的指引下又回到了邢云飞手中……

了解了蒲松龄笔下《石清虚》的故事情节,各位是不是可以确定曹雪芹在写《红楼梦》之前肯定读过《聊斋志异》?其实,《红楼梦》中还有别的证据:其一,相当于《石清虚》里的尚书大人的贾赦的两个儿子都以玉石为名,一曰贾琏,一曰贾琮,而同辈的贾珍、贾珠、贾瑞的名字虽然也是玉字旁,但意思却与玉石无关;其二,贾赦的妻子不姓这,不姓那,偏偏以邢云飞的邢为姓,您能说这只是一种巧合吗?

曹雪芹让邢夫人以邢为姓不是巧合,但他和蒲松龄之间还真有个巧合,现在红学界普遍认为曹雪芹生于1715年,而这一年正好是蒲松龄去世的那一年……

告诉你一个最真实的《红楼梦》

曹雪芹写《红楼梦》是"借他人故事,浇心中块垒",书中"白玉为堂金作马"的贾家就是曹雪芹家族的艺术版,而曹雪芹家族则是荣国府和宁国府的现实版。

艺术虽然来源于生活,但又是高于生活的,那么,现实中的荣宁二府,即历史上的曹雪芹家族,究竟是什么样的呢?

《红楼梦》中宁国府和荣国府的开山鼻祖分别是贾演和他的亲弟弟贾源,这两个人物的原型就是曹雪芹的曾祖曹尔玉和他的弟弟曹尔正,但故事要从他们的爷爷曹锡远说起。

曹锡远原是明末之际沈阳的一个官员,1621年,后金首领努尔哈赤率领八旗军攻占沈阳,曹锡远不幸被俘,沦为了满洲贵族的奴隶。关于此事,《八旗满洲氏族通谱》中有这样的记载:"曹锡远,正白旗包衣(满语,意为奴隶)人,世居沈阳地方,来归年分无考。"正白旗在八旗中可谓大名鼎鼎,因为它的领导人是多尔衮。

曹雪芹家族的发迹始于曹锡远之子曹振彦,曹振彦的成功之路在历史上留下醒目的六个大字:从奴隶到将军。

曹振彦的奋斗历程是从做正白旗包衣起步的，但他很快就凭借自己的机敏勇敢成了多尔衮鞍前马后的齐固佐领。所谓齐固佐领，就是汉人奴隶军的佐领。佐领是牛录章京的意译。牛录是八旗军的一个编制单位，三百人为一牛录，大约相当于现在的一个营。

曹振彦跟随多尔衮南征北战，东伐西讨，立下了不少的战功，而且在长期征战中和多尔衮建立了非常亲密的感情，进一步得到了主人的赏识和提拔。

《清太宗实录》就有这样的明确记载：（天聪八年）墨尔根戴青贝勒多尔衮属下旗鼓牛录章京曹振彦，固有功加半个前程。

1644年，多尔衮打败李自成，入主北京，清朝开始了对中原乃至全国的统治。作为多尔衮信任的部下，曹振远当然也跟随主子先入关，后入京，成了新政权的一个重要人物。

第二年，即顺治二年（1645年），多尔衮的亲弟弟，豫亲王多铎率领清军南下进攻偏安南京的南明弘光政权，曹振彦和儿子曹尔玉很可能参与了此次战役。

顺治六年，即1649年，英雄姜瓖在大同举旗反抗清朝统治者的民族压迫，摄政王多尔衮亲自率兵前往镇压，曹振彦、曹尔玉父子随行西征。

经过六个月的艰苦对峙和血腥拼杀，清军在付出重大代价后取得了最终的胜利，怒气难消的多尔衮这时竟然下达了屠城的命令，而且恶毒地安排同为汉人的曹振彦去执行。

曹振彦不能违抗主子的军令，只好向手无寸铁的大同百姓举起了屠刀……

虽然曹振彦在大同的屠城是被迫的、无奈的、不情愿的，但客观上还是用大同百姓的鲜血染红了他自己的顶子，到顺治十二年（1655年）时，他已是两浙都转运盐使，三年后更是升到了从三品的高位。

曹振彦的长子即曹尔玉，乃原配妻子欧阳氏所生；次子名曹尔正，乃次妻袁氏所生，尔玉、尔正兄弟正是《红楼梦》中贾演和贾源的人物原型。

和曹尔玉一样，贾演也是凭借军功起家的，这一点《红楼梦》第七回《送宫花贾琏戏熙凤　宴宁府宝玉会秦钟》中有明确的表述，是借尤氏之口说出的："你难道不知这焦大的？连老爷都不理他，你珍大哥哥也不理他。因他从小儿跟着太爷（即贾珍的曾祖父贾演）出过三四回兵，从死人堆里把太爷背出来了，才得了命；自己挨着饿，却偷了东西给主子吃；两日没水，得了半碗水，给主子喝，他自己喝马溺：不过仗着这些功劳情分，有祖宗时，都另眼相待，如今谁肯难为他……"

顺治八年，即1651年，摄政王多尔衮病死，此后不久，亲政的顺治帝宣布多尔衮的十四项大罪，并将他的正白旗收入自己囊中。这样，曹振彦父子从王府的奴才变成了皇帝家的奴才，曹尔玉的职位也由王府护卫升格为皇宫内廷侍卫。

三年后，皇子玄烨（就是后来的康熙皇帝）出生，这个婴儿后来彻底改变了曹家在清朝官场的地位。按照清朝的制度，凡皇子、皇女出生后,一律在内务府三旗(镶黄旗、正黄旗、正白旗)的包衣妇人中遴选乳母。玄烨出生时,曹尔玉的妻子孙氏当时刚好有奶,幸运地被选为了康熙的乳母。

康熙皇帝的亲生母亲在他九岁时就去世了,所以他对乳母孙氏有着很深的感情。正因为有了这层特殊的关系,康熙皇帝继位后对曹家特别关照。

康熙二年,即1663年,曹尔玉被任命为江宁织造,负责采办宫廷和朝廷所用的绸缎布匹,同时为皇帝收集官场以及民间的重要信息。曹尔玉的儿子曹寅则一成年就进宫做了康熙皇帝的贴身侍卫。

顺便说一个特别好玩的事情。曹尔玉这个名字现在已被史书遗忘了,取而代之的是曹玺,因为康熙皇帝有一次把尔玉连写成玺了,于是曹尔玉将错就错改名为曹玺。

如果说曹尔玉这一支相当于《红楼梦》中的荣国府,他的弟弟曹尔正那一支则是宁国府的原型。需要说明的是,在《红楼梦》里,宁国府为长,荣国府为幼。

曹尔正生于顺治初年,比哥哥曹玺小了二十岁上下。曹尔正长大后在内务府当差,担任正白旗的齐固佐领,一如他父亲曹振彦当年一样。康熙皇帝第三次北征噶尔丹时,曹尔正曾随同出行,和别的臣子轮班掌管马匹。康熙十九年(1680年),曹尔正的儿子曹宜出生。

作为哥哥的曹尔玉有两个儿子,长子名为曹寅,次子名为曹宣,他们都是曹雪芹的正牌爷爷,其中缘由稍后揭晓。

曹寅是曹雪芹家族中最为风光的人物,然而也正是他的风光为曹家后来的衰损败落埋下了伏笔。

如前文所言,曹寅从刚刚成年时起就在康熙皇帝身边做御前侍卫;他母亲又是皇帝的乳母;而他本人又文武兼修,风神俊朗,堪称贾宝玉加柳湘莲,这些都注定他和康熙之间有着"不似君臣,胜似君臣"的亲密关系。

康熙二十九年(1690年),曹寅被康熙皇帝任命为苏州织造,后调任江宁织造,这正是他父亲曹尔正八年前逝世时所任的职位。苏州织造由谁继任呢?曹寅妻子李氏的堂弟李煦。

曹寅深受康熙皇帝的信任和器重,康熙六次巡游江南时有四次住在曹家,因此曹寅在江南一带的权势和影响比两江总督有过之而无不及。

关于曹寅在江宁织造府接待康熙皇帝的盛况,《红楼梦》中是有着间接描写的:一处是浓墨重彩,在第十七回《大观园试才题对额 荣国府归省庆元宵》和第十八回《皇恩重元妃省父母 天伦乐宝玉呈才藻》中;一处是轻描淡写,在第十六回中王熙凤和赵嬷嬷的对话里——赵嬷嬷道:"那是谁不知道的?如今还有个口号儿呢,说'东海少了白玉床,龙王来请江南王',这说的就是奶奶府上了。还有如今现在江南的甄家,嗳哟哟,好势派!独他家接驾四次,若不是我们亲眼看见,告诉谁谁也不信的。别讲银子成了土泥,凭是世上所有的,没有不是堆山塞海的,'罪过可惜'四个字竟顾不得了。"

除了对曹寅的信任器重之外,康熙皇帝南巡时驻跸曹府应该还有一个原因,那就是仰慕汉族文化的他非常欣赏曹寅的文采风流。

曹寅不仅是个诗人、剧作家,还是个出版家、藏书家。

曹寅笔下的佳句不在少数,比如"绕堤柳借三分色,隔岸花分一脉香";比如"纵横捭阖人间世,只此能消万古情";再比如"赚得红蕤刚半熟,不知残梦在扬州";再比如"称心岁月荒唐过,垂老文章忧患成"。最为人熟知的是那句"家家争唱饮水词,纳兰心事几曾知?"他的《荷花》则是一首清新隽永、耐人品味的上上之作:"一片秋云一点霞,十分荷叶五分花。湖边不用关门睡,夜夜凉风香满家。"

"绕堤柳借三分色,隔岸花分一脉香"这两句需要特别说一说,因为曹雪芹略加修改后将其写进了《红楼梦》。请看第十七回《大观园试才题对额 荣国府归省庆元宵》中的一段描写——宝玉道:"有用'泻玉'二字,则莫若'沁芳'二字,岂不新雅?"贾政拈髯点头不语。众人都忙迎合,赞宝玉才情不凡。贾政道:"匾上二字容易。再作一副七言对联来。"宝玉听说,立于亭上,四顾一望,便机上心来,乃念道:绕堤柳借三篙翠,隔岸花分一脉香。贾政听了,点头微笑。众人先称赞不已。顺便问一下,"称心岁月荒唐过,垂老文章忧患成"像不像为曹雪芹量身定做的两句诗?

曹寅自己曾经创作过《后琵琶》一剧,但他在戏剧方面最为人称道的是康熙四十三年(1704年)搬演《长生殿》——江宁织造曹寅集南北名流为盛会,独让洪昇(《长生殿》作者)居上座,演出全本《长生殿》,历三昼夜始毕。这次演出后,洪昇乘舟回故乡杭州,途经乌镇时不幸落水而逝,更加增添了这次演出的传奇色彩。

曹寅在文化上的最大贡献不是写诗填词,也不是戏剧创作,而是《全唐诗》的刊刻出版,仅仅这个文化盛事就足以使他名留青史,流芳百世。

康熙四十四年(1705年),江宁织造兼两淮巡盐御史曹寅在扬州天宁寺创办了一个大规模的编校出版机构——扬州诗局,奉旨校刻《全唐诗》。

曹寅首先召集江南名士对《全唐诗》逐句逐字进行校刊,接着请书法名家借鉴欧(阳询)体、赵(孟頫)体精心缮写,然后才让技术精湛的工匠雕刻印刷。

在曹寅等众多人士的共同努力下,天宁寺版本的《全唐诗》校勘谨严、字体秀逸、风格独特、印刷精美,一出版即广受欢迎,引起极大轰动,后来更被尊为清代雕版史上的典范之作。

康熙皇帝对新版的《全唐诗》也非常满意,御笔朱批"刻的书甚好"。

《全唐诗》之外,曹寅还支持刊刻了很多别的文化经典,比如《梅苑》《琴史》《墨经》《千家诗》《录鬼簿》等。

为了更好地昭示自己的文治武功,康熙皇帝于五十一年三月命曹寅、李煦等于扬州开刻《佩文韵府》,翌年九月全书刻完。康熙在看完样本后,朱批道:"此书刻得好的极处。"遗憾的是,这时,天宁寺刻书的第一功臣曹寅已经因病离世了。

曹寅深厚的文化教养和广泛的文化活动,营造了曹家的文化艺术氛围，作为其孙的曹雪芹自然耳濡目染、受益匪浅。现在您应该知道为什么《红楼梦》有那么多诗词曲赋和关于演戏的情节了吧，一则曹雪芹长于辞赋，二则荣国府大观园中的诗社演艺等活动正是曹府当年文化生活的真实写照。

曹寅身患重病的时候，康熙皇帝曾经给予了热切的关怀和真诚的救助，留下了一段难得的君臣佳话。

康熙看到李煦的奏章后，立即批复："你奏得很好，今欲赐治疟疾的药，恐迟延，所以赐驿马星夜赶去。"他还在下面写了金鸡纳霜的满文，并加了非常仔细的说明："专治疟疾，用二钱末，酒调服。若轻了些再吃一服，必要住的。住后或一钱或八分，连吃二服，可以出根。若不是疟疾，此药用不得。需要认真，万嘱万嘱万嘱！"不幸的是，皇帝的驿马没能跑过曹寅的病情，金鸡纳霜还没送到扬州，曹寅已经抱憾而逝了。

曹寅逝世后，李煦再次向皇帝上奏，并且汇报了一个令康熙震惊的消息——曹寅弥留之际，核算出亏空库银二十三万两，而且曹家已经没有资产可以补上。

康熙虽然对曹寅亏空巨额库银感到震惊，但想一想自己当年南巡时曹寅提供的超级排场和豪华用度就明白是怎么一回事了，因此他没有龙颜大怒，而是特命曹寅之子曹颙继任江宁织造，同时又让曹寅的大舅子李煦再代管两淮盐差一年，以便用所得银子补齐曹寅生前的亏空。

曹寅和妻子李氏有一子二女，儿子曹颙是贾珠的人物原型，两个女儿没有留下名字,但留下了不同一般的身份——长女是平郡王纳尔素的妃子,乃贾元春的原型;次女嫁给了一个蒙古王子,乃贾探春的原型。

曹颙当了两年江宁织造就英年早逝了,留给妻子马氏一个遗腹子,显而易见,马氏身上有着李纨的影子。

对于曹颙的逝世,康熙皇帝痛心不已,他在谕旨中写下了这样的话语:曹颙系朕眼看自幼长成,此子甚可惜。朕所使用之包衣子嗣中,尚无一人如他者。看起来生长的也魁梧,拿起笔来也能写作,是个文武全才之人。他在织造上很谨慎,朕对他曾寄予很大的希望……

康熙皇帝既然如此钟爱曹寅曹颙父子,当然不会坐视曹府陷入没有男子主事的窘境,得知曹颙早逝的噩耗后,他立即命令曹寅的大舅子李煦"务必在曹荃(曹寅的弟弟)诸子中,找到能奉养曹颙之母如同生母之人"。李煦推荐的是曹荃第四子曹頫,他才华横溢,名满江南,是曹寅生前最欣赏的侄子。于是,曹頫"给曹寅之妻为嗣,并补放曹颙江宁织造之缺,亦给主事职衔"。

曹頫被选为江宁织造的接班人当然是幸运的,但同时他又是不幸的,因为江宁织造这个职位需要的是一个能够左右逢源的政治高手或精通商业贸易的经济专家,而不是一个长于吟诗作赋的文人才子。

在李煦的帮助下,曹寅留下的库银亏空终于基本补齐了,可是,江宁织造府在曹頫的管理下却出现了新的亏空。更糟的是,雍正继位后，李煦因为和雍正的政敌皇八子胤禩来往密切而被定罪抄家。在这种情况下，曹家不仅丧失了盐政的援助，而且还要将当年从盐政得到的八万多两银子退还回去。如果说曹寅在任的后期，曹家如冷子兴所说是"外面的架子虽未倒，内瓤确也都上来了"，那么，这时的曹家就像王熙凤说的"不过是旧日剩下的一个空架子"了。

面对雍正皇帝在全国范围内展开的大刀阔斧的亏空清查行动，曹頫不得不在雍正二年（1724年）正月初七立下军令状："务期于三年之内，清补全完。"然而，冰冻三尺，非一日之寒，本就无才填补亏空的曹頫最终迎来的只能是积重难返、困兽犹斗的不堪局面。

雍正五年（1727年）十二月二十四日，雍正皇帝对曹家的忍耐已经到了极限，下旨查抄江宁织造府。当时情形多么严重，多么可怕，多么悲惨，看一看雍正皇帝的圣旨内容便可以一清二楚、了然于心了——"江宁织造曹頫，行为不端，织造款项亏空甚多。朕屡次施恩宽限，令其赔补。伊倘感激朕成全之恩，理应尽心效力，然伊不但不感恩图报，反而将家中财物暗移他处，企图隐蔽，有违朕恩，甚属可恶！著行文江南总督范时绎，将曹頫家中财物，固封看守，并将重要家人，立即严拿；家人之财产，亦著固封看守，俟新任织造官员隋赫德到彼之后办理。伊闻知织造官员易人时，说不定要暗派家人到江南送信，转移财产。倘有差遣之人到彼处，著范时绎严拿，审问该人前去的缘故，不得忽息！"

从康熙二年（1663年）曹尔玉（即曹玺）开始担任江宁织造起，到雍正五年（1727年）曹頫获罪曹家被抄为止，曹雪芹家族在花柳繁华的江南度过了六十余年鲜花似锦、烈火烹油般的豪奢生活,他们在温柔富贵乡中钟鸣鼎食时恐怕不会想到日后会落得个"白茫茫一片大地真干净",更不会想到他们家族中的一员会将这番独特经历写成一部永垂不朽、流芳百世的《红楼梦》。

甄嬛的幸与不幸

甄嬛是谁？如果你现在还不知道，那肯定会被人说成是从清朝穿越来的。有读者看到这儿，可能会发出这样的疑问：从清朝穿越来的应该知道甄嬛是谁呀，甄嬛是乾隆皇帝的妈，掌管后宫的皇太后啊！实际上，如果真有穿越来的，他还就真没听说过甄嬛这个人，因为甄嬛是一个虚构的人物。

虽然历史上没有甄嬛，但她也并非作者无中生有完全杜撰出来的，她是有人物原型的，这个人就是雍正皇帝的熹妃，乾隆皇帝的生母——孝圣贤皇后钮祜禄氏。

从某种意义上说，熹妃钮祜禄氏是不幸的，但她同时又是非常幸运的，而且幸运得"前不见古人，后不见来者"，空前绝后，无人能及。

根据历史记载，康熙三十一年，即1692年，钮祜禄氏出生在一个满族平民百姓的家中，他的曾祖父额亦腾是开国元勋额亦都的叔伯兄弟，但并未因此获得一官半职，她的祖父吴禄都、父亲凌柱在为官从政这一点上也没有取得什么突破，一直是无官一身"轻"

的白丁身份。如果举大家熟悉的人物作个比方，那么，额亦都家就好比《红楼梦》中的宁国府和荣国府，而凌柱家则好比依靠荣宁二府接济过活的贾蔷、贾芸等同姓子弟。

生于清寒贫苦的家庭自然不是人生的幸运，既没有锦衣华服，也没有玉盘珍馐，有的只是辛苦的劳作和无奈的忍受，但进宫前的这段苦日子也有其特别的好处——它给了钮祜禄氏结实强健的身体，坚韧不拔的性格。正因为此，她才能够成为驶过一艘艘沉船的不坠的风帆，才能等来山重水复之后的柳暗花明，才能撑到最后，笑到最后，并且得享八十六岁的高寿。

和熹妃钮祜禄氏相比，雍正的皇后乌拉那拉氏是最大的船，华妃年氏是最美的船，可惜的是，这两艘船都在驶往皇太后终点的航程中先后沉没了。沉没的原因并非如《甄嬛传》所述，属于"玩火者必自焚""自作孽不可活"之类，而是她们两个大家闺秀的体质经不起时间风尘的考验，岁月风雨的洗礼。历史上的皇后乌拉那拉氏是个安分守己、耐得住寂寞的女性，华妃年氏也不是恃宠而骄、失宠设毒的蛇蝎女人，她们的离世只是红颜薄命而已。

钮祜禄氏的另一个不幸就是她不够漂亮，不是典型的"红颜"，甚至算不上"红颜"，所以被指给雍正后一直没有受到丈夫的青睐。但她好像无怨无悔，一直秉承着勤谨安分的行事之道，终于有一日老天开眼，让她怀上了将来的龙种。之所以这么说，是因为她的儿子弘历（即后来的乾隆皇帝）出生时，雍正还没有登上皇位。

有一段时间，雍正病了，虽然有名医御医开方抓药，却一直没有好转，而且越来越厉害。俗话说"久病床前无孝子"，在雍正这里则成了"久病床前无贤妻"，不少妻妾见雍正一副奄奄一息、不久于人世的样子，便都找个理由闪了，只有钮祜禄氏尽心尽力，衣不解带，时刻不离地在他身边照料护理。

后来，雍正病体逐渐好转，对钮祜禄氏充满感激之余，给了她更多的陪侍机会。于是，钮祜禄氏幸运地有了身孕，并且生下了一个皇子，取名弘历。

但是，除了雍正称帝后赐予的熹妃封号外，弘历的出生好像并没有给钮祜禄氏的境遇带来明显改变。

雍正从那次大病中康复后，很快又回到了他最为宠爱的华妃的怀抱，对华妃儿子福慧的喜爱更是远远超过包括弘历在内的其他皇子。可惜，福慧是个命薄的孩子，九岁时因病夭折，而比弘历年长的三阿哥弘时（大阿哥、二阿哥早夭）和父皇雍正不和，于是，好运就降在了排行第四的弘历身上。

早在登上帝位的第一年，雍正就暗中确立了他未来的接班人，这就是清朝秘密立储制的开端。虽然我们不能断定雍正最初选定的皇储是谁，但可以确定的是，雍正驾崩后，大臣们打开立储密诏时，上面的名字是爱新觉罗·弘历。于是，熹妃钮祜禄氏的儿子登基成为乾隆皇帝，钮祜禄氏则母凭子贵，升格为皇太后。

钮祜禄氏终于"多年的媳妇熬成婆"了，更令她欣慰的是，皇帝儿子非常孝顺，这是她人生中最大的幸运。

乾隆一即位，就加封母亲钮祜禄氏为孝圣皇太后，并且对母亲恭敬有加，言听计从，从来不摆皇帝架子，当然，这也和孝圣皇太后深明事理，理解皇帝有不可分割的关系。每逢皇太后生日，乾隆皇帝都会率领文武百官给母后叩头行礼，祝福献寿，那场面，那气势，对于历史上的皇太后们而言，恐怕是空前绝后、绝无仅有的。

还有更令人羡慕的——孝圣太后八十大寿时，乾隆皇帝仿效"二十四孝"中老莱子"彩衣娱亲"的故事，穿上五彩缤纷的衣服，在老母亲面前翩翩起舞，为天下百姓做足表率的同时，也让皇太后挣足了面子。

还有更令人印象深刻的——世界驰名的皇家园林颐和园就是乾隆皇帝为了庆祝母亲六十大寿而建的，其中的万寿山（原名瓮山）则深深表达了乾隆皇帝对母亲发自心底的祝福。

不少人怀疑钮祜禄氏不是乾隆的生母，但乾隆的孝顺好像足以否定这个说法了。

北静王的原型原来是他

《红楼梦》中的男性人物中,最引人注目的当然是集万千宠爱于一身的贾宝玉,但他并不是最接近完美的那个男子,有一个人无论出身、相貌,还是才情、能力都在他之上,而且几乎没有什么缺点,真真是一个玲珑剔透到天衣无缝的形象,谁呢?北静王水溶。

不说别的,单单这个名字就既雅致又个性,可谓高端大气上档次,低调时尚有内涵,令人想起一首首佳词丽句,比如苏轼的"为问东风余几许,春纵在,与谁同。隋堤三月水溶溶"、张抡的"烟淡淡,雨蒙蒙,水溶溶。贴水落花飞不起,小桥东"。再比如谢逸的"杏花村馆酒旗风。水溶溶。扬残红。野渡舟横,杨柳绿阴浓"。

那么,北静王究竟有着怎样的风采呢?请看《红楼梦》第十四回中帅哥宝玉眼中的水溶——宝玉举目见北静王水溶头上戴着洁白簪缨银翅王帽,穿着江崖海水五爪坐龙白蟒袍,面如美玉,目似明星,真好秀丽人物。在北静王面前,宝玉也只有"面如春花,目如点漆"的份儿了,明显比水溶低了一层。

更为难得的是,北静王虽然身份高贵、年纪轻轻,却性情谦和、待人亲切，对贾家人尤其如此，因为"祖上与贾府有世交之谊"。

在现在的《红楼梦》中，北静王正面出场有三次，侧面出场也有三次，咱们不妨一起来感受一下这个完美人物的生活情态。

北静王第一次出场是在秦可卿的葬礼上，那一回的回目就是《林如海捐馆扬州城　贾宝玉路谒北静王》。秦可卿死后，北静王先来探丧上祭，出殡时又设路奠，这更彰显了他的知书达礼、平易近人。北静王同时又是一个不受官俗国体束缚的人，因此他在完成路奠后要求见一见宝玉这个"衔宝而诞"的奇男子，于是二人一见如故，惺惺相惜，心中暗自引为知己。北静王为了让宝玉记住他们的第一次见面，特意将皇上刚刚亲赐给他的一串鹡鸰香念珠赠给了宝玉。

后来宝玉见到黛玉时，想把北静王送的珍贵礼物转赠给自己的心上人，黛玉却不领情，说了那句非常有名的话语："什么臭男人拿过的！我不要他。"殊不知，北静王绝不是什么臭男人，而是一个钟灵毓秀、世间少有、比宝玉有过之而无不及的神仙级人物呢！顺便说一下，这也是北静王的第一次侧面出场。

北静王第二次侧面出场是在第二十八回《蒋玉菡情赠茜香罗　薛宝钗羞笼红麝串》。此回中，贾宝玉对蒋玉菡一见倾心，宝玉以玉玦扇坠相赠，玉菡则以北静王送他的茜香国女国王所贡大红汗巾子作为回赠，这大红汗巾子"夏天系着肌肤生香，不生汗渍"，不但神奇得很，而且让人自然而然地想起北静王的名字——水溶。

在第五十三回中，荣宁二府庆元宵之际，北静王曾经派人来送贺礼，这个情节看似可有可无，实际上肯定不是闲笔，它的呼应之笔应该在曹雪芹笔下的后四十回中,所谓"草蛇灰线,伏脉千里"是也。

因为不是《红楼梦》的主要人物,北静王虽然几近完美,有时候却也要担任典型的打酱油的角色,比如第七十一回中的这个情节:至二十八日,两府中俱悬灯结彩,屏开鸾凤,褥设芙蓉,笙箫鼓乐之音,通衢越巷。宁府中本日只有北静王、南安郡王、永昌驸马、乐善郡王并几个世交公侯应袭,荣府中南安王太妃、北静王妃并几位世交公侯诰命。贾母等皆是按品大妆迎接。

北静王第三次正面出场时,赢得了一个新称号——荣国府的保护神。

在高鹗续写的《红楼梦》后四十回中,贾赦因结交外官、恃强凌弱获罪,贾府的敌对势力打算借此把荣国府的财物全部抄没,幸亏北静王及时向皇帝奏明贾政和贾赦已经分家另过,不应一起治罪抄家,并且匆忙赶往贾府传达皇帝的新圣旨。北静王传旨完毕即将离去时,贾政等在二门跪送,北静王脸上大有不忍之色,同时说出了落地有声的三个字"请放心",其后的事实证明北静王是一个"言必行,行必果"的好男儿,这进一步提高了他的完美指数加分。

如此完美的北静王是以哪个历史人物作为原型的呢?笔者一直在寻找这个问题的答案,直到有一天看到了雍正皇帝下达给曹頫的一纸圣谕:乱跑门路,交结他人,只能拖累自己,瞎费心思力气买祸受;主意要拿定,安分守己,不要乱来,否则坏朕名声,就要重重处分,怡亲王也救不了你!

显而易见，就像北静王是贾家的保护神一样，怡亲王乃是曹雪芹家族的保护神，也就是说，雍正朝的怡亲王正是北静王的人物原型。

那么，这位怡亲王是怎样的一个人呢？他和曹家的密切关系是怎样结成的呢？

雍正身边的怡亲王名叫允祥，其实他就是怡亲王这一爵位的开山鼻祖，即第一代怡亲王。

允祥原名胤祥，是康熙皇帝的第十三个皇子。雍正帝即位后下令所有兄弟的名字不得再用"胤"字，一律改为"允"，于是胤祥变成了允祥。

允祥是一个非常优秀的人才，堪称文武双全，德才兼备，因此康熙皇帝对他甚为喜爱，每次巡游都将他带在身边。

先说说允祥的文采。允祥留给后世的诗作为数不少，其中既有唱和诗、祝寿诗，也有写景诗，其写景诗一看题目即知必然不错，比如《西山》《试马》《春昼》《月夜》《西郊》《咏荷花》，在此不妨以最后一首为例来感受一下"北静王"的才情：

咏荷花

银塘珠露三月更，风静荷香远益清。
为是出尘心不染，亭亭独立迥含情。

实际上，允祥不但写得一手好诗，在书法、绘画上也颇有天赋，为人称羡。

和文艺方面的能力相比，怡亲王的武力指数丝毫不弱。据清宫史料记载，他"精于骑射，发必命中，驰骤如飞"，而其孤身刺虎的经历则更令人肃然起敬——有一次，允祥随父皇康熙出巡狩猎，忽然一只猛虎从林间冲出，他临危不惧，手持利刃向前刺之，结果老虎倒退几步后落荒而逃，在场者都对他的神勇钦佩不已。

允祥凭借自己的才华武功赢得了康熙皇帝的特别青睐，从而得以经常陪侍在父皇身边，而他和曹雪芹家族的缘分就是在这样的场合结下的。

康熙皇帝曾经六次南巡江南，其中四次驻跸在曹雪芹家的江宁织造府，陪从父皇的允祥因此有了和曹雪芹的祖父曹寅、父亲曹颙等人相识相交的机会。允祥和他父亲康熙皇帝一样是汉族文化的仰慕者，而曹寅及其子侄的文采风流早已闻名遐迩，双方一见如故，诗文唱和，进而引为知己就是自然而然、水到渠成的事了。

有人认为允祥后来因太子胤礽被废而受到牵连，从而失去了康熙皇帝的宠爱。但是，从废太子事件后康熙依然每次出巡都带着允祥和允祥生病后康熙的关爱态度来看，失宠一说好像并不成立。

笔者大胆推测，康熙皇帝可能曾经委婉表示过百年之后传位于允祥的想法，但生性淡泊的允祥对皇位没有表现出什么兴趣，很可能他还推荐了四哥胤禛，这一方面让康熙皇帝颇感失落，另一方面却解除了胤禛（即后来的雍正皇帝）对他的防范意识。

不久，允祥身上得了一种病，腿部"起白泡，破后成疮，时流稀脓水"，而且一直没有彻底治好，这应该也是康熙皇帝最终不再考虑让他继位的一个原因。

1722年，康熙皇帝驾崩，四皇子胤禛继位，这就是历史上的雍正帝。

雍正帝对其他的弟兄都没有什么好态度，唯独对允祥信任有加，正好这时允祥的病也好了很多，于是他被任命为四位总理事务大臣之首，用现在的话来说，他就是国务院总理。

更为值得一提的是，允祥被雍正皇帝加封为世袭罔替的和硕怡亲王，这是大清1644年开国后分封的第一个铁帽子王。

什么叫铁帽子王呢？就是说继承者在继承爵位时保持原来的等级，而不是像别人一样下降一个等级，所谓世袭罔替也是这个意思。

相比之下，《红楼梦》中的荣国府和宁国府就没有获得世袭罔替的荣光。具体地说，宁国府的爵位本来是宁国公，传到第四代贾珍身上时已经降成了世袭三品爵威烈将军；荣国府的爵位原本是荣国公，传到第三代贾赦身上时则降成了一等将军。而以怡亲王允祥为原型的北静王则拥有世袭罔替的资格，请看第十四回中的一段文字："走不多时，路旁彩棚高搭。设席张筵，和音奏乐，俱是各家路祭：第一座是东平郡王祭棚，第二座是南安郡王祭棚，第三座是西宁郡王，第四座是北静王府的。原来这四王，当日惟北静王功高，及今子孙犹袭王爵。"顺便说一下，郡王比（亲）王低一个等级。

怡亲王允祥担任总理事务大臣期间，在很多方面都为大清的发展作做了重要贡献——政治上，数次为国举贤，审理了多宗疑难大案；经济上，在直隶（今河北、京津一带）和江南大力治河，成效显著；军事上，理财有方，调度得宜，有效保证了转运军事供应，而且没给百姓增加负担。

遗憾的是，允祥的病始终没有得以痊愈，不幸于雍正八年（1730年）病故，年仅四十一岁。允祥薨逝后，雍正帝谕令："吾弟之子弘晓，著袭封怡亲王，世世相承，永远弗替。凡朕加于吾弟之恩典，后代子孙不得任意稍减。"这也是怡亲王拥有世袭罔替权利的一个证据。

考虑到《红楼梦》中的北静王水溶首次出场时"年未弱冠，生得形容秀美，情性谦和"，而允祥被封为怡亲王时已经年过而立，很可能水溶身上也有弘晓的影子，并且弘晓绝对不会辱没了北静王这个形象。

弘晓不但遗传了允祥的文采风流，而且青出于蓝而胜于蓝，是一个优秀的诗人和杰出的藏书家，给后世留下了《冰玉山庄诗集》和数不清的古代典籍。

弘晓不但长于诗词，文章写得也不错，还练就了一笔好字，这应该也是父亲允祥和伯父雍正皇帝偏爱他的一个原因。

此外，弘晓还有一个特别爱好——读通俗小说。他曾为才子佳人小说《平山冷燕》题词，并附上批语评论一番。更为值得一提的是，由于允祥和曹雪芹家族一直保持着密切关系，弘晓和家人还曾抄录过《石头记》，这就是留存至今的己卯（乾隆二十四年）本《红楼梦》。

最后，咱们欣赏一首弘晓的诗作，再来感受一下北静王水溶那淡泊宁静、儒雅风流的高贵气质——

> 踏春佳句敬亭游,坐待流光又素秋。
> 明月清风雨无价,笔床茶灶一扁舟。
> 秋菊春兰各不同,酒盂放浪墨初融。
> 牧之白也风流甚,想见吟怀气象雄。

傅恒与乾隆的特别关系

在热播剧《延禧攻略》中,乾隆皇帝的小舅子傅恒与皇帝宠爱的令妃一见钟情、两情相悦,最终却不得不面对有情人难成眷属的爱情悲剧。

那么,历史上的傅恒究竟有着怎样的一条人生之路呢?他的爱情与婚姻是否波折重重呢?他和皇帝的爱妃有没有什么感情纠葛呢?

熟悉《红楼梦》的朋友们都知道,贾府乃是钟鸣鼎食之家,诗书簪缨之族。和贾宝玉一样,傅恒也出身于这样的贵族家庭,而且,按照现在的红学研究成果来看,傅恒和《红楼梦》作者曹雪芹差不多是同龄人。

康熙五十九年,即1720年,北京城的高门望族富察府内,一个可爱的男婴呱呱坠地,他就是富察·傅恒,顺便说一下,富察是他的姓氏,傅恒是他的名字。

傅恒的祖父米思翰官任议政大臣兼户部尚书,父亲李荣保则是品级相当于巡抚的察哈尔总管。

和贾宝玉一样，傅恒从小过着锦衣玉食、无忧无虑的公子哥生活，而且也雅好诗词，有着很高的文化素养，但他并不像贾宝玉那样对仕途经济毫不在意，对朝廷官员嗤之以鼻，因为他有着非常强烈的爱国之心、报国之志，这才有了他日后的辉煌战绩和卓著功勋。

凭借着自己的能力和家族的福荫，傅恒在七年内从一个六品的蓝翎侍卫升为正一品的朝廷重臣，但他人生最精彩的篇章才刚刚开始。

乾隆十三年（1748年），傅恒督师川西，成功平定大金川藏族土司的动乱。乾隆十九年（1754年），傅恒率军进攻伊犁，平息准噶尔部叛乱，并完成了《平定准噶尔方略正编》《西域图志》等书的修撰。

乾隆三十四年（1769年），傅恒率兵分三路入缅甸作战，虽身患重疾，仍督军进攻，屡败缅军，缅甸遣使休战求和。

和贾宝玉曲折而不幸的情路历程不同，傅恒有着平淡而幸福的爱情与婚姻，虽然他和妻子也是通过父母之命、媒妁之言走到一起的。

傅恒的妻子瓜尔佳氏也出身满洲贵族，二人可谓金童玉女、门当户对，他们婚后则拥有着举案齐眉、琴瑟和谐的美好生活，先后生育了两个女儿和四个优秀的儿子——福灵安、福隆安、福康安和福长安。

瓜尔佳氏不仅是个贤妻良母，而且有着"满洲第一美女"的美誉，然而，福兮，祸之所倚；祸兮，福之所伏，正是这个美称让瓜尔佳氏在野史传说中给傅恒戴上了绿帽子。

按照野史所言，"满洲第一美人"傅恒夫人进宫探望富察皇后时被乾隆皇帝看中，而她也"感君缠绵意，系在绣罗襦"，对皇帝的青睐投桃报李。于是，乾隆皇帝为了可以经常与傅夫人寻欢作乐，多次派遣傅恒到边疆统兵作战。

后来，傅恒夫人偷偷给乾隆皇帝生下一子，满月时以傅恒儿子的名义抱入宫中请皇帝赐名，乾隆见孩子健康丰硕，很像自己，十分喜爱，因此赐名福康安。

福康安十二岁便被封为贝子，长大后则被封为大将军，多次率兵出征，深受乾隆皇帝的关怀和信任。傅恒曾为福康安向皇室求婚，希望皇帝将一个公主嫁给福康安为妻，但乾隆笑而未允。

这个来自野史的风流韵事固然不可信，但也并非无中生有、空穴来风，因为乾隆皇帝确实对福康安特别青睐，关爱有加。

为什么乾隆对福康安情有独钟呢？这和福康安的出生时间密切相关。

福康安生于乾隆十九年，即1754年，那时，傅恒正在大西北指挥军队平定准噶尔之乱。

大家可以想象一下，当傅恒在边疆纵横沙场为国征战时，他的儿子在京城呱呱坠地了，作为一代明君的乾隆，当然要对这个父亲因为国事不在身边的婴儿表示特别的关照，以便让傅恒心无旁骛地指挥平乱之战。

事实上，作为乾隆最钟爱的富察皇后的亲弟弟，作为一心为国、忠心可鉴的国家重臣，傅恒和乾隆之间的关系一直和谐融洽，乾隆皇帝不仅对福康安关爱有加，对傅恒的其他儿女也非常关心。其中，二儿子福隆安是当朝驸马，大女儿则是乾隆的十一阿哥的王妃。

1770年，一代名臣傅恒因为远征缅甸时所染病疾不幸逝世，乾隆深为痛惜之余，对傅恒的子孙儿女更为关照恩宠，并且曾经为傅恒写下这样的诗句："平生忠勇家声继，汝子吾儿定教培。"

正因为傅恒家族和乾隆皇帝关系特别密切，这才给后世留下了充裕的编造野史八卦的余地，有了乾隆和傅恒夫人暗度陈仓，给无辜的傅恒戴上绿帽子的无稽之谈。

《延禧攻略》的编剧应该是傅恒的拥趸，他在为傅恒无端被戴绿帽子鸣不平的同时，"该出手时就出手"，拿起如椽大笔，对野史制作者"以其人之道还治其人之身"，写出了让傅恒与魏璎珞一往情深、两心相映，给乾隆皇帝戴绿帽子的《延禧攻略》。

司马迁和袁枚，你会相信谁

在史学大师司马迁笔下，"天降猛男"级别的大人物往往在发迹之前就已经拥有着不同于常人的壮志宏图，发出过不同于常人的豪言壮语，而清代大诗人袁枚却在《随园诗话》中提出了完全相反的看法：古英雄未遇时，都无大志，非止邓禹希文学、马武望督邮也，用现在的话来解释是这样的——

古代的英雄没有发迹以前，看上去都像没有出息的样子。名列东汉云台二十八将第一位的邓禹，年轻时在长安学习，觉得作个文学（汉代官职，相当于后世的教官）就可以了；刘秀的另一个部下马武的理想则是做一名小小的督邮（汉代官职，相当于现在的市巡查组组长）。

咱们在此一对一地来还原一下司马迁笔下的英雄和袁枚书中的英雄。

司马迁是这样开始《陈涉世家》的：陈胜者，阳城人也，字涉……陈涉少时，尝与人佣耕，辍耕之垄上，怅恨久之，曰："苟富贵，无相忘。"佣者笑而应曰："若为佣耕，何富贵也？"陈涉太息曰："嗟乎！

燕雀安知鸿鹄之志哉!"

司马迁认为陈胜年轻时就有像大雁一样翱翔长空,期待自己有朝一日麻雀变凤凰。袁枚自然不会同意他的说法,而且举出了晋文公做例子。

晋献公废掉太子申生,打算把宠妃骊姬所生的奚齐立为太子,申生悲愤自杀后,公子重耳被迫离开晋国到别的国家避难。重耳来到齐国后,受到齐桓公热情而隆重的款待,不但把齐国宗室的一个少女嫁给重耳,还陪送了二十辆驷马车,重耳对在齐国的安逸幸福生活感到非常满足,住了五年还不想离开。袁枚认为彼时彼地的晋文公是没有鸿鹄之志的,否则他就会离开齐国去寻找可以把他推上晋国王位的诸侯王。

司马迁笔下的西楚霸王项羽同样是个少有大志的人物。前210年冬,秦始皇巡游吴地(今江苏南部和浙江北部),二十二岁的项羽在领略了秦始皇的威仪后,一时心旌摇荡,羡慕不已,情不自禁地对身边的叔叔项梁说出这样一句话:"彼可取而代也(将来我可以取代他)。"后来,项羽果然"有志者事竟成,破釜沉舟,百二秦关终属楚",在前206年实现了四年前立下的宏图大志。

如果司马迁用项羽的经历向袁枚发起挑战,袁枚当然还是不服,他会给司马迁讲光武帝刘秀的故事。

刘秀还未发达时,曾经和李通因为拖税的事情吃了官司,负责审理此案的乃是当时的名臣严尤。严尤不知为什么盯着刘秀看了几眼,刘秀回去后就颇为骄傲地对李通说:"严公盯着你看了吗?"很难想象，百代流芳的光武大帝刘秀当年竟然会认为被某个名人注视是一件非常荣幸的事。

虽然项羽和刘邦是死对头，但他俩对秦始皇的羡慕嫉妒恨在司马迁笔下却几乎如出一辙。话说有一次刘邦送服役的人去京城咸阳，在路上正好碰到秦始皇出巡，刘邦眼见秦始皇穿着高端大气的龙袍，八面威风地坐在高大华美的车上，羡慕得很，于是一句千古名言脱口而出——大丈夫当如是也（大丈夫就应该像这样啊）！

袁枚依旧不肯示弱，他又讲了一个故事，这个故事那是非常的好玩！

韩世忠是南宋中兴四大名将之一，不论怎么排都名列第二。韩世忠当年还是个无名小卒时，一个看相人断定他日后必定会被封王。韩世忠闻之竟然大怒，进而对人家挥拳相向，因为他认为看相之人是在讥讽他。多少年后，当韩世忠真的被封为蕲王时，想起当年那个看相人不知会有怎样的感慨……

诚如上文所言，司马迁喜欢让他笔下的历史人物自己发出令人震撼的感慨，比如"燕雀焉知鸿鹄之志"，比如"彼当取而代之"，比如"大丈夫当如是也"；而袁枚则习惯于用历史人物的行动说话，证明他们当初都没有料到自己日后会有大作为，同时作为旁观者发出他心中的感慨——古英雄未遇时，都无大志。

那么，聪明的朋友们，司马迁和袁枚，您会相信谁？

乾隆皇帝长寿的神秘原因

在封建社会里，皇帝自然是个一等一的好岗位，吃的是山珍海味，穿的是绫罗绸缎，住的是辉煌金殿，奇怪的是，为数众多的皇帝中，得享长寿的却寥寥无几，能够活到八十多岁的更是凤毛麟角，只有梁武帝萧衍、女皇武则天、吴越王钱镠、宋高宗赵构和清高宗，也就是我们熟知的乾隆皇帝。

乾隆皇帝是我国历史上最长寿的皇帝，出生于1711年，逝世于1799年，享年八十九岁。乾隆帝对自己的长寿深感自豪骄傲，七十岁时，他特意撰写《古稀说》一文，自称"古稀天子"，并刻印章作为纪念；八十岁时，更觉自己"仰荷天眷，至为深厚"，庄重声明"（八十岁的皇帝）不特云稀，且自古所未有也"，得意之情溢于言表。

那么，乾隆皇帝为什么可以如此长寿呢？

据清宫医案研究专家看来，乾隆皇帝长寿的原因主要有三个方面：一是注重体育锻炼，喜欢狩猎，并遍游名山大川；二是生活有规律，节饮食，慎起居；三是长期对症服用长寿药。

其实，乾隆长寿还有一个神秘因素，这个神秘因素和乾隆生母的真实身份有着异常密切的关系。

乾隆的生父是雍正，这是毫无疑问的，乾隆的母亲是熹妃，这是可以肯定的，但熹妃姓甚名谁却仍然是个历史谜案。

据清宫档案《雍正朝汉文谕旨汇编》记载，"雍正元年（即1723年）二月十四日奉上谕：尊太后圣母谕旨：侧福金年氏封为贵妃，侧福金李氏封为齐妃，格格钱氏封为熹妃，格格宋氏封为裕嫔，格格耿氏封为懋嫔。"由此可知，熹妃姓钱，应该是个汉族女子。需要说明的是，引文中的"福金"就是"福晋"，"格格"在此指的不是公主，而是亲王的侍妾。

乾隆初年成书的萧奭的《永宪录》中关于此事也有基本相同的记述：雍正元年十二月丁卯（二十二日）午刻，上御太和殿。遣使册立中宫那拉氏为皇后。诏告天下，恩赦有差。封侧福晋年氏为贵妃，侧福晋李氏为齐妃，侧福晋钱氏为熹妃，宋氏为裕嫔，耿氏为懋嫔。

雍正皇帝册封侧福晋钱氏为熹妃发生在雍正元年，可到了雍正四年，即1726年，清政府相关部门编续玉牒（玉牒即皇室家谱，清代玉牒自1456年起，每十年编续一次）时，汉族女子钱氏却摇身一变成了满族贵妇钮祜禄氏，因为在此之前发生了一件大到足以改变后妃姓氏的大事——雍正元年八月十七日，雍正皇帝正式设立秘密立储制，指定熹妃之子弘历（即后来的乾隆皇帝）为皇太子。

雍正驾崩后，乾隆修《清世宗宪皇帝实录》（简称《雍正实录》）理所当然地延续了熹妃为钮祜禄氏这一说法，原文如下："(雍正元年二月甲子）谕礼部：奉皇太后圣母懿旨：侧妃年氏，封为贵妃；侧妃李氏，封为齐妃；格格钮祜禄氏，封为熹妃；格格宋氏，封为懋嫔；格格耿氏，封为裕嫔。尔部察例具奏。"但乾隆皇帝对和熹妃有关的钱氏家族的特殊照顾却明明在告诉我们他的生母——熹妃钮祜禄氏和当年的熹妃钱氏是同一个人。

尽管雍正、乾隆两代皇帝都在努力掩盖乾隆生母熹妃的民族姓氏，但真的就是真的，假的就是假的，熹妃的汉族身份最终还是浮出了水面，这无意中为乾隆皇帝的长寿提供了一个新的原因。

为什么这么说呢？

据钱治冰先生考证：乾隆生母熹妃钱氏（1692—1777年）是浙江嘉兴学者钱纶光与其妻书画家陈书（1660—1736年）之幼女，是刑部尚书钱陈群(1686—1774年)的妹妹。钱陈群历事康熙、雍正、乾隆三朝，尤得乾隆帝的尊宠，倚为元老儒臣，二人之间除君臣之谊，又是文字知己，乾隆称之为"故人"。钱陈群每有诗作进呈，乾隆必亲笔题诗回赠。他退休后，仍屡次升迁，加尚书衔、太子太保。乾隆帝赐之以"食全俸"，常寄自己的诗作，请钱陈群和作。他数次去北京，为皇太后和乾隆帝祝寿，并同乾隆帝到塞外围场行猎，并参加"香山九老会"。乾隆十六年（1751年）钱陈群首次扈从高宗圣驾南巡，并随驾钱王祠陪祭。乾隆二十二年（1757年），钱陈群二次扈从高宗圣驾南巡，再次随驾钱王祠，乾隆赐御诗褒扬钱氏先烈。乾隆二十七年（1762年），高宗第三次南巡时，钱陈群已告归在籍，即赴常州恭迎圣驾，并扈从无锡、苏州、嘉兴、杭州等地，再次随驾钱王祠,并携台州族孙钱选,以传世唐赐铁券晋呈御览,乾隆赐御制铁券歌一首。此外,钱陈群的学生阿桂、刘墉、纪昀等备受乾隆重用……钱陈群的子孙世代包括女婿、族人均为朝廷重臣,可见钱陈群与乾隆母子的关系非同寻常,恐怕一般亲戚关系是无法做到这一步的。

如果我们细心一点,就可以注意到上面这段资料隐藏着一些和乾隆长寿有关的信息:乾隆生母熹妃钱氏,即崇庆皇太后,生于1692年,卒于1777年,享年八十五岁;熹妃生母陈书生于1660年,卒于1736年,享年七十六岁;熹妃胞兄钱陈群生于1686年,卒于1774年,享年八十八岁,在当时都算得上长寿之人。现代科学已经证明,母亲长寿,儿女更可能长寿。所以我们可以说,乾隆长寿的一个原因是他继承了母系的长寿基因。

乾隆皇帝的第一痛与第一幸

1792年,清军反击廓尔喀军(廓尔喀即今尼泊尔)的战争取得胜利,廓尔喀向清政府求和,八十一岁的乾隆皇帝龙心大悦之余,挥笔写下了《御制十全记》,并自称"十全老人",而且特意让人刻了两枚名为"十全老人之宝"的玉质印章。

乾隆皇帝的人生真的那么十全十美吗?答案当然是否定的,实际上,他心中隐藏着一个极大的痛。

乾隆皇帝的第一痛要从他做父亲那一年说起,那时候他的身份是宝亲王。

1728年是宝亲王弘历大婚的第二年,这一年,格格富察氏(和电视剧中不一样,格格是对王爷妾室的称呼)给他生下了他的第一个儿子永璜,因为永璜的母亲不是正室,所以他的身份是庶长子。

两年后,宝亲王的嫡长子永琏出生,永琏的母亲是富察福晋,即后来的富察皇后。雍正皇帝非常喜欢这个孙子,永琏就是他亲赐的名字。乾隆皇帝对这个儿子也情有独钟,在登基后的第二年,就密定永琏为皇储并缄其名于乾清宫正大光明匾后。

在登基称帝的 1735 年,乾隆收获了他的第三个儿子永璋,但是从称帝后的第三年起,他那即将延续一辈子的噩梦开始了。

乾隆三年,即 1738 年,乾隆心中未来的皇太子永琏夭折了,他只好怀着失子之痛,一边安慰着爱妻富察皇后,一边下诏追封他俩可怜的孩子为端慧皇太子。

第二年,四皇子永城出生,又过了两年,五皇子永琪出生,他就是《还珠格格》里五阿哥永琪的原型,而且他的母亲也如剧中所写的那样名为愉妃。

琼瑶女士为什么要选择永琪作为《还珠格格》的男主人公之一呢?其一,他是乾隆皇帝偏爱的儿子之一,被封为亲王而不是郡王;其二,他 1766 年离世时只有二十五岁,正好符合琼瑶构思中和正福晋生子后偕同小燕子归隐大理的年龄。

实际上,在失去五皇子之前,乾隆皇帝已经经历了一次又一次的失子之痛。

1747 年,富察皇后的第二个儿子,七皇子永琮在两岁时"以痘殇",这是乾隆皇帝的第二个嫡子,皇帝还没来得及将他立为太子,他就匆匆地去了,而且在第二年带走了他伤心欲绝的母亲——接连失去两个儿子的富察皇后。乾隆皇帝先失爱子,又失爱妻,心有多痛,可想而知……

1749 年,乾隆皇帝的九皇子还没等到给他起名就夭折了。

1750 年,乾隆皇帝的庶长子,二十二岁的大皇子永璜抑郁而逝,他抑郁是因为被取消了立储资格,而得到这个惩罚则是因为乾隆皇帝认为他为富察皇后迎丧时不够悲伤，不合体统。

1753年，乾隆皇帝又失去了两岁的十皇子。

1760年，和大皇子一起受罚的三皇子永璋也撒手西去了，年仅二十五岁，乾隆皇帝又一次经历了白发人送黑发人的痛苦。

也是在1760年，只有三岁的十四皇子永璐又夭折了，这是《还珠格格》中令妃的原型皇贵妃魏佳氏为乾隆皇帝生下的第一个儿子。

到这一年年底为止，后妃们给乾隆皇帝先后生下了十五个皇子，但只有七人幸存下来了，他们分别是四皇子永珹、五皇子永琪、六皇子永瑢、八皇子永璇、十一皇子永瑆、十二皇子永璂、十五皇子永琰，即后来的嘉庆皇帝。

如上文所言，五皇子永琪在1766年英年早逝，乾隆皇帝伤痕累累的父亲之心又被撕开一个大口子，但他的失子噩梦还远远没有结束。

1765年，皇贵妃魏佳氏的第三个儿子，十六皇子还没取名就夭折了。顺便说一下，十五皇子永琰是魏佳氏的第二个儿子。

1776年，乾隆皇帝和那拉皇后唯一的儿子，十二皇子永璂离世，年仅二十四岁。

第二年，四皇子永珹离世，年仅三十八岁。

1790年，六皇子永瑢离世，年仅四十七岁。顺便说一下，乾隆皇帝的儿子们都以斜玉旁的字为名，而其中既有和《红楼梦》中的贾琏重名的，也有和贾琏的弟弟贾琮重名的。另外，永瑢的名字和《红楼梦》中北静王的名字水溶非常相似，不知只是巧合还是曹雪芹有意为之。

1790年时，乾隆皇帝已经七十九岁了，他的这个几乎延续了一辈子的失子噩梦终于在这一年终止了，也许是上天觉得他已近耄耋之年，再也经不起失子之痛了。

到这时为止，乾隆皇帝的十七个皇子中已经零落大半，只有四个陪在他身边了——八皇子永璇、十一皇子永瑆、十五皇子永琰和十七皇子永璘。前两个皇子共有一个母亲——皇贵妃金佳氏，后两个皇子共有一个母亲——皇贵妃魏佳氏。

令乾隆皇帝欣慰的是，他晚年时虽然不像他爷爷康熙皇帝那样有很多儿子膝前围绕，但他的儿子之间也没有发生"九子夺嫡"那样的皇族惨剧，这应该是他人生中的第一大幸事，否则他在历史上的形象就会大打折扣，因为他的历史地位本来就远不如他爷爷康熙皇帝。顺便说一下，嫡子的身份是生而有之的，不是夺而有之的，所以，正确的说法应该是"九子夺储"，储者，储君也，皇太子也。

陪伴乾隆皇帝走到他人生尽头的四个皇子都有着不错的归宿。

十五皇子永琰就是后来的嘉庆皇帝，称帝后更名为颙琰，以有别于其他皇子，凸显他独一无二的皇帝身份。十七皇子庆亲王永璘和嘉庆皇帝一奶同胞，兄弟情深，在1820年先后辞世。

八皇子仪亲王永璇1832年逝世，享年八十六岁，无论当时还是如今都算得上长寿老人。十一皇子成亲王永瑆1823年逝世，享年七十一岁，他是一位杰出的书法大师，和刘墉、翁方纲、铁保并称"清中期四大书法家"。

和珅为什么必须死

1799年（清嘉庆四年）正月初三，做了五年太上皇的乾隆帝驾崩，他的儿子嘉庆帝让权臣和珅总理丧葬事宜。但是，十天后，嘉庆帝就向天下宣布了和珅的二十条大罪，并且下旨抄没其家，竟然抄得白银八亿两，这可相当于大清朝十五年的税收收入呀！

正月十八，对于和珅贪腐案的廷议结果公布——凌迟处死。这时，反对和珅的刘墉表现出了他为人厚道的一面，他认为虽然和珅罪大恶极，但毕竟曾是先朝重臣，因此建议皇帝赐和珅自行了断。嘉庆皇帝尽管对和珅恨之入骨，最终还是选择了宽容处理，于是和珅当天在家中用三尺白绫结束了自己罪恶深重的一生。

那么，嘉庆帝为什么那么痛恨和珅呢？为什么乾隆帝刚刚离世就定他的罪、抄他的家呢？咱们来看一看和珅死前那五年都做了什么就可以明白了，那真是"不作不会死"呀！

乾隆统治后期，朝中形成了四大势力，分别是以阿桂为首的武官派、以刘墉为首的御史派、以和珅为首的贪官派和以钱沣为首的反贪派。

1795年,八十五岁(虚岁)的乾隆皇帝宣布退位,把他最宠爱的皇十五子颙琰推上皇位,这就是嘉庆帝。

虽然乾隆帝表面上把皇位禅让给了嘉庆帝,但他仍然上朝听政,而且让他最信任的和珅按照他的意思代理国事,新皇帝嘉庆只有在旁边观摩学习的份儿。这种情况传到民间后,许多清朝百姓私下称和珅为"二皇帝"。

嘉庆即位的这一年,钱沣不明不白地去世了,很可能是被和珅下毒害死的。两年后,领班军机大臣阿桂也去世了,四大派系只剩下了两个,而刘墉一派的势力又远远弱于以和珅为首的贪官们,不得不依靠装老充傻来求得自保。

在这种情况下,和珅一派越发猖狂恣虐,肆意妄为,不但把满朝文武的生杀大权控制在手里,还时不时地给新皇帝一点颜色看看。

"《咏玉如意》事件"即为一例。

为了限制老皇帝乾隆和新皇帝嘉庆,特别是嘉庆帝的自由,和珅在太监、宫女和可以出入皇宫的官员中安插了很多亲信,比如给嘉庆帝授书讲学的吴省钦、吴省兰兄弟(二人曾是和珅的老师),比如嘉庆帝身边的太监小德子。

在几次被和珅点破私密言行后,嘉庆帝确定了小德子是和珅的眼线卧底,于是就开始走韬光养晦路线。

当初嘉庆被乾隆秘密立为储君后,和珅曾特意赠予嘉庆一个玉如意,以示他有拥立之功。为了迷惑和珅,嘉庆写下了几首《咏玉如意》,然后故意当着小德子的面扔到了垃圾桶里。结果这几首诗当天就被小德子送到了和珅面前，和珅读着皇帝精心制作的赞美诗笑逐颜开，他以为嘉庆帝对他已经没有了防范之心，但是从那一刻起，他的一只脚已经迈进了鬼门关……嘉庆帝当然会注意到和珅的变化，可他仍然不放心，就特批和珅公开场合外不需行三叩九拜之礼，然后又赐给和珅良田美宅，奴仆婢女。和珅对于皇帝的赏赐毫不客气，照单全收，没有表示出一点辞让的意思。面对志得意满、不可一世的和珅，嘉庆帝看似满面含笑，实则怒气填膺，心里暗暗发狠道：早晚有一天，我要让你"吃了我的给我吐出来！"。

现在，你已经明白嘉庆帝为什么那么痛恨和珅了吧！最后咱们一起看一看嘉庆帝究竟给和珅定了哪二十条大罪——

当睿庙册立为皇太子时，先期预呈如意，泄机密以为拥戴功，大罪一。

圆明园骑马，直入左门，过正大光明殿，至寿山口，大罪二。

肩舆出入神武门，坐椅轿直进大内，大罪三。

取出宫女子为次妻，大罪四。

川、楚教匪滋事，各路军营文报，任意延搁不递，大罪五。

纯庙圣躬不豫时，毫无忧戚，逢人谈笑自若，大罪六。

纯庙力疾批章，间有未真之字，辄口称不如撕去另拟，大罪七。

管理吏、户、刑三部,一人把持,变更成法,不许部臣参议一字,大罪八。

西宁报循、贵贼番聚众抢劫杀伤,将原折驳回,隐匿不递,大罪九。

国朝曾有中旨,令蒙古王公未出痘者不必来京,乃故违谕旨,无论已未出痘,俱不令来,大罪十。

大学士苏凌阿,以姻亲匿其重听衰惫之状,侍郎吴省兰、李潢,太仆卿李光云,以曾在其家教读,俱保列卿阶,兼任学政,大罪十一。

军机处记名人员随意撤去,大罪十二。

私盖楠木房屋,僭侈踰制,其多宝阁隔段仿照宁寿宫式样,大罪十三。

其坟茔设立享殿,开置隧道,致居民有和陵之称,大罪十四。

所藏珍珠手串二百余串,较大内多至数倍,并有大珠,较御用冠顶尤大,大罪十五。

真宝石顶,非所应戴,乃藏数十余颗,并有整块大宝石,为内府所无者,不计其数,大罪十六。

家内银两衣饰等物,数逾千万,大罪十七。

夹墙藏赤金二万六千余两,私库赤金六千余两,地窖埋银百余万,大罪十八。

通、蓟地方当铺钱铺资本十余万,与民争利,大罪十九。

  家人刘全资产亦二十余万,且有大珠及珍珠手串,大罪二十。

刘王氏：人生三大不幸一起来袭时

她绝对是个小人物，她在历史上没有留下自己的名字，她本来会消失在历史的洪流中，但她幸运地给后人留下了一个坚强而伟大的身影，因为她有一个懂得感恩，又长于文墨的好兄弟。

18世纪后期的某一年，在广西柳州的柳江县（当时叫马平县），一户王姓人家生下了一个女孩，她就是本文的主人公刘王氏，之所以这样称呼她，是因为她长大后嫁到了姓刘的人家。刘王氏来到丈夫家后，夫妻感情很好，可谓举案齐眉，琴瑟和鸣，更值得人们赞赏的是，她和婆婆的关系也非常亲密融洽，不是母女，胜似母女。

也许是刘王氏婚后的生活太幸福太美满了，老天爷竟然在她身上接二连三地降下了一个又一个的灾难和不幸。

1822年前后，刘王氏的丈夫不幸英年早逝，不幸中的万幸是，离世的夫君给她留下了一个遗腹子，这让她和老来丧子的婆母在悲痛绝望之余又有了崭新的希望。然而，老天爷却不肯就此罢手，他在不久之后又残忍地夺走了刘王氏腹中那个还未出世的婴儿。就在这时，从娘家又传来了母亲劳累过度不幸辞世的噩耗，短短的几个月内，丧夫、丧子、丧母三大不幸像磐石一样一次一次重重地砸在刘王氏这个柔弱的女子身上，她会不会被无情的命运压倒呢？她会怎样面对惨淡的人生呢？

刘王氏也许想到过逃避，可能考虑过放弃，但她最终选择了坚强地活下去，因为她娘家还有一个已经成了孤儿的七岁小弟弟王拯。

早在母亲病逝前，王拯的父亲已经离开人世了，这个可怜的孩子只有姐姐可以依靠了。料理完母亲的后事，刘王氏把小弟弟王拯接到了自己家中，把自己的全部心思都放在了抚养教导弟弟上。她的婆母也将王拯视为亲生，尽其所能地帮助儿媳照料王拯。

刘王氏深知要想让弟弟将来能过上好日子，就只有好好念书这条路可走，于是她把读书作为王拯生活中的第一大事来对待。刘王氏家的小后园绿树成荫，非常安静，正是个读书的好地方，她就和弟弟住在树荫下的两间小屋里，一边做女红维持生计，一边看着弟弟学习。在屋里待闷了，姐弟俩就到屋外树下的两块平滑巨石那儿做活读书。有时候，刘王氏会在一方巨石上捣衣，王拯就在清脆的捣衣声中诵读经典或者凝神写字，这美好而动人的场景深深镂刻在王拯幼小的心中，终生不曾忘怀。

王拯年满十岁后，刘王氏倾其全力把弟弟送进私塾求学，并且一如既往地关注督促着弟弟的学业。每天天一亮，刘王氏就召唤弟弟起床背书，太阳一出来，她就催着弟弟去私塾上学，有了姐姐的管教，王拯每天在课堂上背书时都背得滚瓜烂熟，明显优于其他学生，成了远近闻名的"小神童"。小孩子总有贪玩的时候，王拯也不例外,每逢此时,刘王氏就哭着给弟弟讲母亲劳累而逝的伤心往事,并且告诉弟弟说:"汝今弗勉学,母氏地下戚矣(你现在不勤奋读书,母亲在地下就会伤心)!"王拯是个懂事的孩子,一听到这句话,就会泪流满面,赶紧改正错误,更加用心地读书求学。

在刘王氏的谆谆教导和无微不至的关怀下,1841年,二十七岁的王拯得中进士,授户部主事,充军机章京,走上了兼济天下的从政之路。王拯一生都没有辜负姐姐刘王氏的一片苦心,他为官以"忧国忧时,关心民瘼,通达政事,正直敢言"著称,学术上也成就卓著,不仅是桐城派著名古文家之一,而且诗词书画也自成一家。

为了铭记姐姐刘王氏的教养之恩,王拯特意请人画了一幅幼时在柳州家乡细柳巷后园姐姐督促他读书的《媭砧课诵图》,并为之作序,"媭"是楚语,即姐姐之意。这篇文章和著名文学家蒋士铨的《鸣机夜课图》堪称清代亲情散文中的双璧。

"方便面之父"不在日本在中国

按照现在流传的说法,方便面是 20 世纪中期由华裔日本人安藤百福(原名吴百福)发明的,但方便面在中国南方又叫伊面这个事实证明"方便面之父"另有其人。

那么,方便面为什么在我国南方被称为伊面呢?故事要从清朝中期的一次生日寿宴说起。

1806 年前后,著名书法家、扬州知府伊秉绶在家中为老母亲举办寿宴。因为那一天客人特别多,伊府的厨师有点手忙脚乱,顾此失彼,一不小心将煮熟的鸡蛋面倒进了沸油锅里,在这种情况下,他只好将错就错,把被炸过的鸡蛋面快点捞出来,然后浇上高汤作为一种新面食端上桌去。没想到客人们都对这种炸过的鸡蛋面啧啧称赞,竖大拇指。作为主人的伊秉绶既惊奇又骄傲,从而对这道美食留下了非常深刻的印象。

伊秉绶是个书法家,在诗文上也有一定造诣,因此他家中经常举行文士书家云集的文化沙龙。客人太多的时候,家里的厨师往往忙不过来,于是,伊秉绶想起了母亲寿宴那天炸过的鸡蛋面,并且有了一个奇思妙想。

在伊秉绶的指挥下，伊府的厨师先把面粉、鸡蛋加水和匀，然后制成面条，并将其卷成数圈，接下来入锅炸至金黄，最后把炸过的面条圈晾凉，储存起来日后备用，这就是世界上最早的油炸方便面。

有了可以保存多日的油炸鸡蛋面，当伊秉绶家中客人很多的时候，厨师就会把这种面加上作料，放到水中稍稍一煮，然后直接端上桌招待客人。著名诗人、书法家，号称"岭南第一才子"的宋湘品尝过这种面后非常喜欢，当他得知它还没有正式的名字时，便说："如此美食，竟无芳名，未免委屈。取名'伊府面'如何？"在场者无不拊掌叫好表示赞同。于是，伊秉绶创制的油炸鸡蛋面便以"伊府面"之名流传开来了，久而久之，就简化成了我们现在所熟知的伊面。

虽然方便面和伊秉绶有着如此密切的关系，但人家并不以此扬名立万，流芳百世，因为他不但是个大书法家，还是位深受百姓爱戴的大清官。就书法而言，伊秉绶的篆书、隶书都有很高成就，隶书尤其突出，放纵飘逸，高古博大，自成一番气象。就仕途而言，伊秉绶为官一任、造福一方，惠州百姓主动为他设立生祠，扬州百姓在他离任时成群结队洒泪相送，并将他请入三贤祠与欧阳修、苏轼、王士祯三人一起接受奉祀，从此三贤祠变成了四贤祠，在扬州历史上和中华历史上留下了一段政坛佳话。

他们都是好"演员"

对于皇宫里的王子们来说,太子之位是天下第二有诱惑力的东西(最有诱惑力的当然是皇帝之位),为了得到这个位置,有希望的王子们会使出浑身解数去取悦皇帝老子。

一千八百年前的魏王宫里,曹丕、曹植兄弟正在为王太子之位争得不可开交。

南朝大诗人谢灵运曾经说过这样一句话:"天下才有一石,曹子建(曹植)独占八斗,我得一斗,天下共分一斗。"虽然谢诗人的话算不上真理,但曹植的文学才华确实出类拔萃,超凡脱俗,挥笔而就的《铜雀台赋》、瞬间写成的《七步诗》即是明证。曹丕纵然也是天资聪颖,满腹经纶,但比起二弟曹植来还是差了一截,在老爸组织的作文竞赛上老是不甘心地处于下风,所以他只得另辟蹊径,别出心裁,找个独门绝技来赢得父王曹操的欢心。

曹丕的智囊吴质给他出了一个好像不怎么样其实很有效果的怪主意——"王当行,流涕可也"。于是,每次曹操带兵出征,曹丕、曹植兄弟和留守大臣到郊外送别时,曹丕都哭得稀里哗啦,鼻涕一把泪一把的,而曹植却还在那里为自己"男儿有泪不轻弹"自豪骄傲呢。说来也怪,一向以心狠手黑著称的奸雄曹操竟然被曹丕装出的悲伤感动了,结果,靠装哭取胜的曹丕最终取得了太子之位。

曹丕、曹植斗法哥哥胜出,杨勇、杨广争位赢家却是弟弟,究其原因,也和猪鼻子插葱——装象大有关系。

平心而论,杨广的能力确实远远高出杨勇,不但能诗善赋,文采风流,而且南灭陈国,北胜突厥,战功卓著。正因为此,身为二儿子的杨广越来越不安分,一心要取代哥哥杨勇的太子之位。

杨勇碰巧是个不争气的主儿,生活奢侈,行为放浪,搞得正大张旗鼓提倡节俭的老爸隋文帝心里很是不爽。杨广则极力迎合皇帝老爸的政治号召,伪装出生活俭朴、不好声色的样子。每次文帝到他府中时,他都把浓妆艳抹的姬妾锁进密室,只安排几个穿粗布衣的老丑妇人在左右侍候,还故意将琴弦已断、布满灰尘的乐器摆在引人注目的地方。隋文帝见小儿子如此淡泊宁静,十分满意。

与此同时,杨广勾结和杨勇不和的越国公杨素,让他在文帝面前找机会说杨勇的坏话。后来,杨素诬陷杨勇在文帝生病期间盼望父皇快死,文帝大怒,逮捕杨勇,将其废为平民,改立杨广为太子。

杨勇最终败在杨广手下,一是杨广能装够坏,二是杨勇是个有缝的蛋,三是杨勇身边没有好老师。

清朝的咸丰皇帝肯定从心底里赞同上面的第三条,因为他有着非同一般的亲身体会。

当年道光皇帝要立太子的时候,一直像荡秋千一样在两个皇子之间摇摆不定，一个是四阿哥奕詝（即后来的咸丰帝），另一个则是六阿哥奕䜣。后来，道光帝在南苑组织了一次会猎，想借此看看皇子们的表现。奕䜣箭法最好，猎获自然最多；奕詝却一箭没发，空手而归。

道光很是生气，问奕詝为何两手空空，奕詝十分镇静地回答说："父皇恕罪，儿臣以为眼前春回大地，万物萌生，正是禽兽生息繁衍之期，儿臣实在不忍杀生，恐违上天好生之德。"奕詝这话头头是道，说得道光连连点头，于是奕詝用装仁慈的手法成功地掩饰了武功不行的短板。

直到年老病重时，道光还是没能定下太子之位的人选，他知道自己将不久于人世，便召奕詝和奕䜣入宫答对军国大事，借以决定储位的最终归属。奕䜣对军机大事、治国之道回答得头头是道，句句在理。奕詝却没有发表什么真知灼见，只是哭得鼻涕一把泪一把地说："阿玛，此时儿臣方寸已乱，实在无法虑及安国之事，恕儿无能，倘若阿玛身有不测，儿愿伴驾西行，永伴阿玛身边。"

常言道：鸟之将死，其鸣也哀；人之将死，其言也善。即将大驾西行的道光帝最终被奕詝装出的孝心打动了，这才有了无远见、无胆识、无才能、无作为的咸丰皇帝。咸丰皇帝之所以这么能装，都是他的老师杜受田所授。

曹丕、杨广和奕詝的太子之位都是靠"装"得到的，这冥冥之中注定了他们不会有什么好结果——

226年，在位只有六年的曹丕在洛阳短命而崩；

618年，杨广被宠臣宇文化及杀死于江都，死后连副棺材也没落着；

1861年，在英法联军祸乱北京的险恶形势下，受惊过度的咸丰死在承德避暑山庄。

赵丽蓉老师的经典小品中有这样一句台词——你狂，狂没有好处！在此笔者想模仿老人家的语气说一句——你装，装没有好下场！

支持洋务运动的其实是她

19世纪中后期,为了挽救清朝统治,清政府的有识之士展开了一场影响深远的洋务运动。运动前期,洋务派以"师夷长技以制夷"为指导,大规模引进西方先进的科学技术,创办了一批近代军事工业;运动后期,他们又兴办了一批民用工业,促进了民族资本主义的发展。

洋务运动在中央的代表人物为恭亲王奕䜣,在地方的代表人物有曾国藩、李鸿章、左宗棠、张之洞等人,而慈禧也被视为洋务运动的支持者,这给她将近半个世纪的黑暗统治带来了些许亮色。

然而,事实很可能和人们的想法大相径庭——慈禧太后不但不是洋务运动的支持者,而且在真正掌握统治权后开始大肆抵制洋务运动,直到北洋舰队在甲午海战中全军覆没,直到大清朝成了她的陪葬品。

故事要从"辛酉政变"说起。

1861年8月22日,咸丰皇帝驾崩于承德避暑山庄,他唯一的儿子,年仅六岁的载淳即位,由大学士肃顺等八位"赞襄政务大臣"

辅佐。咸丰临终前,还将两枚御印分别赐给了皇后和懿贵妃,一枚刻着"御赏",一枚刻着"同道堂",并降诏说新皇帝所颁一切诏书必须印有这两枚御印,否则无效。

咸丰驾崩后,皇后钮祜禄氏升格为母后皇太后,即慈安皇太后;懿贵妃叶赫那拉氏升格为圣母皇太后,即慈禧皇太后。两宫皇太后对肃顺等顾命八大臣专擅朝政颇为不满,于是,她们秘密地和身在北京的恭亲王奕䜣取得了联系,1861年10月,奕䜣以"奔丧"的名义赶到承德,并化装成萨满法师进宫和两宫皇太后见了面,最后他们决定奕䜣先回北京控制兵权,等咸丰皇帝的梓宫运回北京后即刻发动政变。

11月1日,两宫皇太后回到北京。第二天,奕䜣手捧盖有玉玺和先帝两枚印章的圣旨宣布解除顾命八大臣的职务,六天后两宫皇太后下令将肃顺斩首,让载垣、端华自尽,把另外五大臣充军或革职。

当月11日,清政府宣布废除八大臣原拟的祺祥年号,将1862年改为同治元年,东、西二太后垂帘听政,所谓"同治"即指两宫太后共同治理朝政。

虽然慈禧太后是同治皇帝的生身母亲,但是小皇帝与慈安太后的感情更深。情况之所以如此,原因有二:其一,慈安太后是同治的嫡母,在当时那个社会,嫡母的地位高于生母,更容易得到子女的认可;其二,慈安太后性情温和,待人宽厚,而慈禧太后性格强势,喜怒无常,前者明显比后者更得人心。

关于嫡母和生母地位的差异，咱们可以拿《红楼梦》中贾探春的选择做一下深入说明。贾探春是赵姨娘生的，但她却从来不将赵姨娘视为母亲，一切都唯嫡母王夫人马首是瞻。在第五十五回《辱亲女愚妾争闲气　欺幼主刁奴蓄险心》中，当赵姨娘让探春给她弟弟、探春的亲舅舅赵国基多二三十两赏银时，探春说出了这样一段话："谁是我舅舅？我舅舅（指她嫡母王夫人的哥哥王子腾）年下才升了九省检点，哪里又跑出一个舅舅来？我倒素习按理尊敬，越发敬出这些亲戚来了。既这么说，环儿出去为什么赵国基又站起来，又跟他上学？为什么不拿出舅舅的款来……"

不但同治皇帝将嫡母慈安置于生母慈禧之上，在满朝文武大臣的心目中，东太后慈安的地位也是高于西太后慈禧的。换句话说，在两宫皇太后共同垂帘听政的时候，执牛耳者乃是东太后慈安，而非西太后慈禧，洋务运动的一些细节也可以作为此事的证明。

咱们先一起来回顾一下洋务运动主要企业的创立过程。

1861年，曾国藩于安徽怀宁创办安庆内军械所，后迁至南京；

1865年，李鸿章在上海创立江南制造总局；

1866年，左宗棠在福州创立福州船政局；

1872年，李鸿章在上海创立轮船招商局；

1876年，李鸿章在河北滦县创办开平矿务局；

1878年，左宗棠在兰州创办兰州织呢局；

1878年，李鸿章在上海创办机器织布局，后因火灾倒闭，1893得以重建；

1890年,张之洞在武汉创办汉阳铁厂;

1892年,张之洞在武汉创立湖北织布官局。

以上历史资料证明,洋务运动在19世纪中后期确实在清帝国的东西南北中各个地区发展起来了。同时我们可以注意到,这些主要的洋务企业大都建立于1880年之前,以至于张之洞在90年代的洋务运动有些像个人行为。

那么为什么会出现这个情况呢?因为真正支持洋务运动的东太后慈安不幸于1881年因病辞世了。

现在我们就来看一看并不为人熟知的慈安太后的人生经历。

慈安是广西右江道道台穆扬阿的女儿,道光十七年(1837年)生于广西柳州,比咸丰皇帝小六岁,比慈禧小两岁。

咸丰二年(1852年)二月,慈安通过选秀入宫,四月被封为贞嫔,五月晋升为贞贵妃,十月即被立为皇后,咸丰皇帝对她的喜爱由此可见一斑。

慈安生性淡泊宁静,行事稳重大方,有母仪天下的风范,咸丰帝的后宫在她的主持下井井有条,一派和谐气象。

1861年咸丰皇帝不幸驾崩,慈安带着慈禧和恭亲王奕䜣联手发动"辛酉政变"除掉了意欲专权的顾命八大臣,随后开始了两宫皇太后垂帘听政、恭亲王主持朝政的新局面。

慈安太后对于权力没有很大的欲望,但她长于决断朝廷大事,"辛酉政变"即为一例,诛杀扰乱朝政的大太监安德海则是另一个例子。而慈禧太后则是一个权欲熏心的女人,对主持朝政的恭亲王奕䜣有着极强的防范意识。

面对慈禧太后的不友好态度，恭亲王奕䜣也有他的撒手锏，那就是通过信任他的慈安太后以嫡庶之分来压制慈禧，无论是同治皇帝在位时，还是随后的光绪时期，作为庶母的慈禧都只能唯作为嫡母的慈安马首是瞻，以慈安太后的是非为是非。

慈安太后信任奕䜣，当然会大力支持他主导的洋务运动；慈禧太后敌视奕䜣，自然会恨屋及乌地看不惯洋务运动。慈安太后不幸辞世后，慈禧太后终于彻底摆脱了嫡庶之分的压制，获得了独自垂帘、朝纲独断的机会，可谓"多年的媳妇熬成婆"，她很快就展开了对奕䜣的报复，在慈安太后死后的第二年就把奕䜣挤出了朝廷的权力中心，奕䜣领导的轰轰烈烈的洋务运动也暂时告一段落了。

行文至此，我们可以说洋务运动是在慈安太后和恭亲王奕䜣的主导下展开的，和慈禧太后关系微乎其微，即使有人要给昏庸腐朽的慈禧太后找一点亮色以表明写史立场的公正，也不应该把慈安太后的历史功绩硬加在慈禧太后身上吧？